Friedbert Becker

PERSÖNLICHER MAGNETISMUS

DER MAGNETISCHE PFAD

Impressum:

© 2019 Friedbert Becker
Herstellung und Verlag: Books on Demand
GmbH, Norderstedt

ISBN 9783752886160

Verlag Books on Demand GmbH
Bibliographische Information der Deutschen
Bibliothek:

Die Deutsche Bibliothek verzeichnet diese
Publikation in der Deutschen
Nationalbibliographie; detaillierte
bibliographische Daten sind im Internet über
http://dnb.ddb.de abrufbar.

Hinweis

Diese Publikation war ursprünglich als Script für unseren Workshop "DER MAGNETISCHE PFAD" gedacht. Nun ist es ein kleines Handbuch geworden in der Hoffnung, dass es viele Menschen erreicht, die mehr aus ihrem Leben machen möchten und bereit sind, auch etwas dafür zu tun. Ich bin kein Schriftsteller, hoffe aber dass der Sinn der Sache trotz allem verständlich rüberkommt. Die Übungen dieser Anleitung stammen überwiegend aus den Werken alter Meister; wer sie mit Beharrlichkeit und Sorgfalt durchführt, wird schon bald das Leben führen, von dem er bisher nur träumte.

Mein besonderer Dank gilt Bernd Hollnack, der sein Wissen um die Schöpfung energetischer Felder so großzügig zur Verfügung stellt.

Ich danke außerdem Prof. Antonio Carreiro, der mein Interesse an der ursprünglichen Hypnose der alten Meister wiedererweckt hat.

Mein Dank geht ebenfalls an Leila Mahfud, mit der ich zusammen die ersten wunderbaren Workshops in Brasilien durchführte.

Inhaltsverzeichnis

Der Magnetische Pfad

Der Magnetische Pfad ist ein System von speziellen Übungen in Verbindung mit einer besonderen Art zu leben. Ziel ist es, persönlichen Magnetismus zu erwerben und zu speichern. Im Mittelpunkt steht ein naturverbundenes Leben im Einklang mit den Elementen und einer Veredelung des Charakters.

Wenn du den Magnetischen Pfad gehst, lernst du mit deiner Energie zu haushalten. Durch die Kontrolle deiner Aufmerksamkeit bist du in der Lage auch deine Energie zu kontrollieren. Du wirst emotional stabil und fühlst dich überwiegend sehr gut, ganz gleich in welchem Umfeld du dich gerade befindest.

„Wir sind Jäger und jagen gute Gefühle."

Gute Gefühle sind der Treibstoff und die Motivation all unserer Aktionen. Der Magnetische Pfad ist einer von vielen Wegen, auf denen wir zu uns selbst zurückfinden können.

Im Mittelpunkt unserer Arbeit stehen Selbstdisziplin und Beharrlichkeit. Auch wenn das für viele Menschen zwei ganz schlimme Worte sind, verstehen wir es, was auch immer wir tun, Spaß zu haben, ganz gleich was gerade passiert. Am

Ende erwarten uns gute Gefühle, denn das ist alles, was wir wollen. Gute Gefühle haben heilende Wirkung.

Der Magnetische Pfad ist geprägt von den Lehren Franz Anton Mesmers und des später daraus hervorgehenden Hypnotismus. Wer den Magnetischen Pfad geht, lernt sowohl verschiedene Methoden aus dem Mesmerismus, als auch den ursprünglichen Hypnotismus zur Heilung und Lebensverbesserung für sich selbst und andere anzuwenden.

Persönlicher Magnetismus

Der persönliche Magnetismus ist eine Kraft, die jeder Mensch mehr oder weniger besitzt und die von jedem Menschen angesammelt werden kann. In diesem Handbuch findest du eine Schritt-für-Schritt-Anleitung, deren Anwendung schon nach wenigen Tagen erste Resultate zeigt. Allerdings muss du auch etwas dafür tun und die Anleitungen praktisch befolgen, lesen allein genügt nicht.

Wenn du den Magnetischen Pfad gewissenhaft gehst, entwickelst du sehr schnell eine gewisse Ausstrahlung von Ruhe und Gelassenheit, und von deinen Augen wird eine besondere Faszination ausgehen. Die „glücklichen Zufälle" in deinem Leben mehren sich. Du bist so gut wie immer positiv und gut gelaunt. Deine Geduld und Willenskraft (und somit deine Selbstdisziplin) nehmen enorm zu. Dein Einfluss auf andere Menschen erhöht sich extrem und deine Ziele und Wünsche werden sich schneller verwirklichen. Dies sind einige der wichtigsten allgemeinen Veränderungen, die schon nach kurzer Zeit eintreten. Je nachdem, was du beruflich tust, kannst du diese Kraft auch dort ganz gezielt einsetzen. Im therapeutischen Bereich bieten sich dafür sehr viele Möglichkeiten, auf die ich später noch eingehen werde. Du verwandelst dich zu einem „sehr wohltuenden Menschen."

Damit du schnell dein Ziel erreichst...

...möchte ich dir ein paar Tipps geben, wie du mit diesem Leitfaden am schnellsten vorankommst und positive Ergebnisse erzielst.

Generalisieren, verzerren und tilgen

Wir Menschen haben in unserem Leben alle mehr oder weniger Erfahrungen zu verschiedenen Themen gesammelt und haben in der Regel auch unsere Schlüsse gezogen sowie unsere Meinungen dazu gebildet. Dies alles generalisieren wir dann. Das heißt, wir übertragen unsere einmal gesammelten Erfahrungen auf alle ähnlichen Situationen. Dadurch kommt es automatisch zusätzlich zu sogenannten Verzerrungen und Tilgungen. Wir verzerren unsere Wahrnehmung und tilgen eventuell Informationen, bis die Situation in unsere Schublade passt. Das verleiht uns die Fähigkeit schnell zu reagieren, statt alles wieder neu zu analysieren und zu lernen. Der Nachteil davon ist, wir generalisieren, tilgen und verzerren auch Informationen, die wir besser unbefangen aufnehmen sollten. Bei der vorliegenden Anleitung handelt es sich um solche Informationen. Im Klartext heißt dies: Lies diese Anleitung in dem Bewusstsein, dass jedes Wort wichtig ist. Auch wenn dir einige der hier beschriebenen Übungen bekannt vorkommen, tu einfach so, als ob sie vollkommen neu für dich sind. So vermeidest du Verwechslungen und Vorurteile.

Ungeduldiges Vorgehen

Ungeduldig vorzugehen heißt, Themen zu überspringen, immer auf der Suche nach noch interessanteren Informationen, und am Ende geht man leer aus. Um dies zu vermeiden, verpflichte dich selbst dazu, sorgfältig jedes einzelne Thema so durchzuarbeiten, als sei es die wichtigste Sache der Welt. Die Aufmerksamkeit zu 100 Prozent auf das zu richten, was man gerade tut, und präsent zu sein, ist eine der wichtigsten Voraussetzungen, die man erfüllen muss, um persönlichen Magnetismus zu speichern.

Finde deinen Weg

Lass dich nicht verunsichern und finde deinen eigenen Zugang. Es geht nicht darum, dass du blind irgendwelche Anleitungen befolgst. Wichtig ist, dass du verstehst, warum etwas getan oder nicht getan wird. Aus diesem Verständnis heraus findest du deinen eigenen Weg. In den Büchern der alten Meister sind viele dieser Übungen beschrieben, allerdings immer mit erhobenen Zeigefinger und auf eine Art, die keinen persönlichen Spielraum zulassen, und dies führt zwangsläufig bei den meisten Menschen in eine Sackgasse, einfach weil der persönliche Zugang und das persönliche Verständnis fehlen.

Persönlichen Magnetismus anzusammeln beschränkt sich nicht auf ein paar Übungen, sondern ist eine spezielle Art zu leben, den Magnetischen Pfad zu gehen.

Persönlicher Magnetismus – was ist das und wie kann ich ihn erwerben?

Der persönliche Magnetismus ist eine psychische Kraft, die sich ähnlich verhält wie der uns bekannte Magnetismus aus der Physik - eine Kraft mit abstoßendem und anziehendem Charakter. Es ist eine neutrale Kraft, die der Absicht desjenigen folgt, der über diese Kraft verfügt. Ein Mensch mit genügend persönlichem Magnetismus zieht wie ein Magnet an, was er begehrt, und stößt automatisch ab, was er verabscheut. Dies können Menschen, Ereignisse oder die verschiedensten Dinge sein. Somit lässt sich diese Kraft für alle möglichen Lebensziele einsetzen.

Persönlicher Magnetismus ist nicht das gleiche wie die Lebensenergie oder Heilenergie. Lebensenergie fließt immer vom Plus zum Minus. Ein Mensch mit viel Lebensenergie gibt automatisch Energie ab an Menschen mit weniger Energie. Ausnahmen bilden Menschen, die gelernt haben, ein unkontrolliertes Abfließen von Energie zu verhindern.

Beim persönlichen Magnetismus ist es genau umgekehrt, hier fließt die Energie vom Minus zum Plus. Das heißt, Menschen mit viel persönlichem Magnetismus empfangen automatisch die (magnetische) Energie von Menschen mit weniger persönlichem Magnetismus, wie ein Geschenk. Persönlicher Magnetismus ist die spürbare Ausstrahlung von Personen, die über viel Selbstdisziplin und einen starken Willen verfügen. Menschen mit viel persönlichem Magnetismus strahlen Ruhe aus, sind sehr selbstbewusst und zielstrebig. Sie üben einen starken Einfluss auf ihre Mitmenschen aus. Wahrscheinlich ist es von Natur aus so vorgesehen, dass man Menschen mit viel Selbstbeherrschung und Willenskraft automatisch Führungsrollen überträgt, um das Überleben der Sippe zu gewährleisten. Was im Tierreich das Alphatier, ist bei uns Menschen die magnetische Person.

Um persönlichen Magnetismus zu speichern und zu vermehren, muss man verschiedene Verhaltensregeln einhalten sowie ein paar spezielle Übungen durchführen. Darüber hinaus sollte man sich über seine Wünsche und Ziele bewusst werden und wissen, was man will.

Die alten Meister sprachen von einer „psychischen Glut" als Hauptquelle des persönlichen Magnetismus. Diese Glut entsteht durch den beharrlichen Einsatz der Willenskraft. Die Schulung und das *Training des Willens* kann von jedem Menschen durchgeführt werden, auch wenn der Wille anfangs absolut schwach und unterentwickelt ist. Man gestaltet sein Training so, dass man die jeweilige Aufgabe bewältigen kann und steigert dann kontinuierlich den Schwierigkeitsgrad. Geradeso wie man auch einen Muskel trainiert.

Weitere Quellen für persönlichen Magnetismus sind die *persönlichen Wünsche und Begierden.* Wenn man einem Wunsch die Energie entzieht, spürt man das Ergebnis in den meisten Fällen sofort. Je nachdem, worum es sich handelt, kann man auch den magnetischen Einfluss auf die Umwelt schon nach wenigen Stunden/Tagen bemerken.

Ähnlich wie mit Wünschen und Begierden verhält es sich mit *Impulsen und Emotionen,* wie zum Beispiel Aggression, Wut, Eifersucht, Eitelkeit, Klatschsucht usw. Hier können wir Energie ziehen ohne Ende. Wie genau das funktioniert, dazu kommen wir noch. Der Vorteil dieser Methode: Man speichert persönlichen Magnetismus und veredelt seinen Charakter. Persönliche Probleme und Schwächen bekommen plötzlich einen ganz anderen Stellenwert.

Verschwiegenheit ist eine weitere Energiequelle, je mehr Geheimnisse ein Mensch hütet, umso stärker ist sein persönlicher Magnetismus. *Wissen, wagen, wollen, schweigen*, die vier Grundpfeiler der Magie. Gerade wenn man mit den ersten Ergebnissen des persönlichen Magnetismus belohnt wird, ist es wichtig, diese Erfahrung nicht hinauszuposaunen oder gar damit anzugeben. Dieses Aufblähen des Egos hat viel mit *Eitelkeit und Gefallenwollen* zu tun. Auch dies sind hervorragende Quellen der Kraft, wenn man sie erkennt und bereit ist sie anzuzapfen.

Die bisher erwähnten Energiequellen sind quasi alle in uns, und wir brauchen nur zu lernen sie zu kontrollieren. Darüber hinaus gibt es unzählige Energiequellen außerhalb unserer Persönlichkeit, wir schwimmen praktisch in einem Meer von Energie und brauchen uns nur zu bedienen. Die natürlichsten aller Quellen sind die Elemente, allen voran die Atemluft. Durch bewusste spezielle Atemübungen kann man enorm viel Energie aufnehmen.

Was wir durch die Elemente aufnehmen, ist nicht die Kraft, die wir als persönlichen Magnetismus bezeichnen, sondern Energie, reine Lebensenergie. Erst die psychische Glut des Willens verwandelt diese Energie in persönlichen Magnetismus.

Der persönliche Magnetismus ist wertneutral

Der persönliche Magnetismus ist weder gut noch böse, er kann für beide Absichten gebraucht werden. Allerdings sollte man sich hüten, diese Kräfte zum Schaden anderer Lebewesen einzusetzen. Persönlicher Magnetismus ohne Harmonie führt früher oder später immer zu Rückschlägen. Je stärker die Kräfte, die eingesetzt wurden, umso katastrophaler die Rückschläge. Andererseits zieht persönlicher Magnetismus, der überwiegend aus der Charakterveredelung gewonnen wurde, auch nur entsprechende Menschen und Situationen an. Wenn du häufig Probleme mit deinen Mitmenschen hast, überwiegend von negativen Menschen umgeben bist oder gar betrogen und belogen wirst, dann solltest du dich einer intensiven Introspektion unterziehen. Solche Menschen und Situationen kreuzen nicht zufällig deinen Weg. Es sind die Schwingungen die durch unsere Gedanken und Gefühle die Welt um uns herum entsprechend gestalten.

Seelengröße, Wohlwollen, Güte und Geradlinigkeit sollten immer im Mittelpunkt unseres Strebens stehen. Sei dir bewusst, dass alles aus EINEM entstanden ist.

Die stärkste Quelle für persönlichen Magnetismus ist der innere Zustand einer allumfassenden Harmonie. Wahrscheinlich ist dies so, weil in allen Wesen dieses Wissen schlummert und alle Wesen sich nach diesem Urzustand zurücksehnen.

Den Gedanken, dass sich alles, was wir wahrnehmen, letztendlich in uns selbst abspielt, kann unser Verstand nur schwer akzeptieren. Wenn du nachts träumst, ist das Traumgeschehen absolute Realität für dich. Erst nach dem Erwachen erkennst du, dass es „nur" ein Traum war (es sei denn, du beherrschst das Klarträumen). Alles deutet darauf hin, dass es mit dem „realen" Leben, mit dem Alltagsbewusstsein ähnlich ist. So wie ein Klarträumer (ein Mensch der sich bewusst ist, dass er gerade träumt) seinen Traum selbst gestalten kann, so kannst du dein Leben selbst gestalten. Wenn du die Kunst des Klarträumens erlernst, gehst du Schritt für Schritt vor. Zuallererst musst du dir bewusst werden, dass du träumst. Dann beginnst du kleinere Handlungen auszuführen. Wahrscheinlich wirst du gerade am Anfang dein Bewusstsein immer wieder verlieren und in einen normalen Traum zurückfallen. Das ist völlig normal. Hier kommt dann deine Beständigkeit ins Spiel, indem du, in der Gewissheit dass du es schaffst, deine Bemühungen fortsetzt. Analog funktioniert die Gestaltung deiner Realität.

Praxis

„Es ist nicht genug, zu wissen, man muss es auch anwenden. Es ist nicht genug zu wollen, man muss es auch tun."

Johann Wolfgang von Goethe

Die nun folgende Praxis habe ich unterteilt in
Praxis-Teil A - Die persönliche Schulung
und
Praxis-Teil B - Anwendungen in Therapie und Alltag

In Teil A findest du zunächst ein paar wichtige Grundübungen und Regeln, die du sofort in die Praxis umsetzen solltest. Danach folgen Übungsvorschläge, um deine neu erworbenen Fähigkeiten zu verfeinern und zu steigern. Dein Ziel sollte es sein, diese Übungen und Regeln vollkommen in deinen Alltag zu integrieren.

In Teil B findest du verschiedene Methoden, um dir selbst oder anderen Menschen zu helfen. Du musst keine Therapeuten-Ausbildung haben, um diese Techniken anzuwenden, sie sind frei von Nebenwirkung und unterstützen die Selbstheilungskräfte.

Praxis Teil A - Die persönliche Schulung

Damit du nicht erst die gesamte Anleitung lesen musst und sofort mit der Praxis beginnen kannst, findest du hier eine Kurzanleitung. Das Befolgen dieser Kurzanleitung wird dir schon in wenigen Tagen erste Ergebnisse liefern.

Das Erste, was zu tun ist, um persönlichen Magnetismus zu speichern: D*u musst es beabsichtigen, du musst es wollen.* Nur wenn du das brennende Verlangen nach dieser geheimnisvollen Kraft spürst, wird es dir gelingen die alltägliche Bequemlichkeit zu überwinden und den Magnetischen Weg zu gehen. Wenn du zum ersten Mal das erhabene Gefühl erlebst, das sich einstellt, nachdem du erfolgreich einem Wunsch, einer Begierde oder einem Impuls die Energie entzogen hast, wird sich dieses brennende Verlangen ganz von selbst einstellen und nie mehr erlöschen. Dazu kommen wir schon in Kürze.

Sollte dir jegliche Willenskraft zum Anfangen fehlen, wird dir folgende kleine Übung helfen. Diese Übung kannst du auch zwischendurch durchführen, um deine Motivation aufzupowern. In der Motivationspsychologie unterteilt man die Menschen in zwei Gruppen.

- *Menschen, die Schmerzen vermeiden wollen.* Diese Menschen sind gut zu motivieren, indem man ihnen bewusst macht, wie unangenehm es ist, wenn sie ihre Aufgaben nicht erledigen.

- *Menschen, die Freude suchen.* Diese Menschen motiviert man, indem man ihnen bewusst macht welche angenehmen Gefühle sie erwarten, sobald sie ihre Aufgaben erledigt haben.

Ich habe die Erfahrung gemacht, das man optimale Ergebnisse erzielt, wenn man beide Strategien anwendet. Daher habe ich in folgender Übung beide Strategien zusammengefasst.

Selbstdisziplin aufbauen

Leg dich in eine bequeme Position und entspanne dich so gut du kannst. Denke darüber nach, warum du dich für dieses Thema interessierst, warum du dieses Buch liest. Was hast du dir erhofft? Was wolltest du ändern in deinem Leben? Mach dir bewusst, dass du nun über eine Anleitung verfügst, die du nur befolgen musst, um das Leben zu leben, von dem du träumst. Dann stell dir vor wie dein Leben weiter verläuft, wenn du nichts tust, wenn du diese Anleitung nicht befolgst. Stell dir vor, wie du in fünf Jahren oder in zehn Jahren noch immer auf der Suche bist, weil sich nichts verändert hat. Gehe richtig rein in diese Vorstellung, spüre diese unangenehmen Gefühle.

Dann atme ein paarmal ganz tief durch und schüttle diese unangenehmen Gefühle ab. Nun stell dir vor, wie dein Leben sich schon in den nächsten Tagen verändern wird, weil du mit Freude diese Anleitung befolgst. Stell dir vor, wie du schon bei den einzelnen Übungen die Kraft und die guten Gefühle spüren kannst. Wie sehr sich dein Leben zum Positiven verändert.

Immer wenn du merkst, dass deine Energie nachlässt, kannst du diese Übung machen. Du kannst sie für den Willensaufbau einsetzen, aber auch für alle anderen Themen entsprechend anpassen.

Wie schon erwähnt, sind *Selbstdisziplin* und *Kontrolle* die wichtigsten Voraussetzungen, um persönlichen Magnetismus zu erzeugen und diesen zu speichern. Beides ist eng mit deinem Willen verbunden, und die menschliche Willenskraft erschöpft sich sehr schnell. Daher ist es sinnvoll, strategisch klug vorzugehen. Du beginnst mit Aufgaben, von denen du weißt, dass du sie bewältigen kannst und steigerst kontinuierlich den Schwierigkeitsgrad. Du nutzt dazu die Werkzeuge, die dir schon ein Leben lang zur Verfügung stehen: dein Körper, deine Atmung und deine Vorstellungskraft (Imagination).

Atmung

Beginnen wir mit der Atmung.

Das Erste, was wir tun, sobald wir das Licht der Welt erblicken, ist einatmen und das Letzte, was wir tun, sobald wir uns endgültig von unserem Körper trennen, ist ausatmen.

Über die Atmung sind wir mit allem verbunden, was uns umgibt. Zwischen unserer Atmung und unserem geistigen, emotionalen und körperlichen Zustand besteht eine starke Wechselwirkung. Es ist allgemein bekannt, dass unser geistiger, emotionaler und körperlicher Zustand unsere Atmung stark beeinflusst. Was weniger bekannt sein dürfte, ist die Tatsache, dass man diesen Prozess auch umkehren kann. Das heißt, du kannst durch die Kontrolle und Steuerung deiner Atmung auch dein geistiges, emotionales und körperliches Befinden beeinflussen.

Befinden wir uns in einem Zustand von Angst, Stress und innerer Unruhe, so beschleunigt sich unsere Atmung. Gelingt es uns, in solchen Momenten unsere Atmung zu kontrollieren, können wir über die Atmung auch unser geistiges, emotionales und körperliches Befinden positiv beeinflussen. Spezielle Atemtechniken sind eine Wissenschaft für sich, für unsere Zwecke genügt vorerst die im Folgenden beschriebene Atemübung.

Kontrollierte Tiefatmung

Bei dieser Atemtechnik geht es darum, möglichst das ganze Volumen der Lunge zu nutzen. Möglicherweise kennst du diese Art zu atmen schon, es handelt sich um eine Yoga-Atmung. Du atmest tief in den Bauch, so dass sich der Bauch nach außen wölbt, dann füllst du den Brustraum so dass sich der Brustkorb dehnt und zum Schluss hebst du die Schultern, um auch den obersten Bereich der Lungen zu füllen. Nachdem die Lungen optimal gefüllt sind, wird die Luft für ein paar Sekunden angehalten. Das Ausatmen erfolgt in umgekehrter Reihenfolge. Die Schultern sinken zurück, der Brustkorb verringert sein Volumen und der Bauch wird eingezogen. Der ganze Vorgang sollte harmonisch ineinander übergehen. Die Zeiten für das Einatmen, Luftanhalten und Ausatmen sind individuell verschieden. Es könnte zum Beispiel so aussehen, dass du fünf Sekunden einatmest, fünf Sekunden die Luft anhältst und fünf Sekunden ausatmest. Mit ein wenig Übung kann man die Zeiten dann verlängern. Mit dieser Übung solltest du jetzt sofort beginnen, auch wenn es nur 20 Atemzüge sind.

Sobald du diese Atemmethode gut beherrschst, kannst du sie immer und überall in deinen Alltag einfließen lassen. Nach ein, zwei Monaten regelmäßiger Anwendung möchtest du sie nicht mehr missen. Wichtig ist, dass du bei dieser Übung deinen ganz persönlichen Ablauf findest. Es muss sich gut anfühlen für dich. Sowohl das Atemvolumen als auch das Tempo müssen für dich angenehm sein. Diese vollständige Atmung wird dein Lungenvolumen vergrößern, deinen Körper mit mehr Sauerstoff versorgen und viele weitere positive Auswirkungen auf deine Gesundheit haben. Das Wichtigste jedoch: Sie wird dich vermehrt mit Lebensenergie versorgen, die du transformieren und in Form von persönlichem Magnetismus speichern kannst. Du wirst es vielleicht jetzt noch nicht verstehen, aber die kontrollierte Tiefatmung, wie gerade beschrieben, öffnet das Tor zum Magnetischen Pfad, es gibt nur diesen einen Einstieg.

Danach folgen die ersten 30 Schritte und zwar jeden Tag ohne Unterbrechung einen Schritt weiter. Die Übung, die ich gleich beschreiben werde, sieht sehr einfach aus, und dennoch gibt es nur sehr wenige Menschen die diese Übung im ersten Anlauf vollständig bewältigen konnten.

Diese Übung trennt die Spreu vom Weizen. Nur wer beharrlich genug ist und nicht eher ruht, bis dass er diese Übung vollständig beherrscht, wird den vollen Nutzen daraus ziehen. Ähnlich wie ein Kind das Laufen lernt. Ganz gleich wie oft das Kind auch hinfällt, es steht immer wieder auf, von dem unbändigen Wunsch getrieben, auf den eigenen Beinen zu stehen, selbständig zu laufen und neue Welten zu erkunden.

„Ich will"

Diese Übung soll 30 Tage lang täglich durchgeführt werden. Du stellst oder setzt dich vor einen Spiegel und fixierst deine Nasenwurzel. Dabei wiederholst du laut oder leise die Worte „ICH WILL." Beginne am ersten Tag mit einer Minute und steigere jeden Tag um eine weitere Minute. Das heißt, am zweiten Tag zwei Minuten, am dritten Tag drei Minuten, am vierten Tag vier Minuten usw. 30 Tage lang. Du darfst keinen Tag auslassen. Wenn du diese Übung an einem Tag auslässt, musst du wieder von vorne, beim ersten Tag, beginnen. Weiterhin musst du den Blick halten. Solange die Zeit läuft, darfst du deine Augen nicht von deiner Nasenwurzel abwenden. Solltest du dich dazu verleiten lassen auch nur den Bruchteil einer Sekunde deinen Blick von der Nasenwurzel zu lösen, musst du wieder beim ersten Tag beginnen.

Ebenso sollst du vollkommen unbeweglich sitzen oder stehen. Auch wenn es juckt, wenn dich eine Fliege ärgert, musst du all das ignorieren und vollkommen unbeweglich ausharren. Auf den ersten Blick erscheint diese Übung vielleicht einfach, aber das täuscht. Es gibt kaum einen Menschen, der diese Übung schon beim ersten Versuch vollständig absolviert hat. Manch ein Übender wurde am letzten Tag noch schwach. Diese Übung schult den Willen und die Beharrlichkeit, ohne die kein überdurchschnittlicher persönlicher Magnetismus möglich ist.

Du kannst diese Übung auf verschiedene Arten durchführen. Entweder du machst die vollständige Übung wie oben bereits beschrieben. Das heißt, sobald ein Kriterium nicht erfüllt wurde, beginnt man wieder von vorn beim Tag 1. Das wäre der Fall, wenn du dich bewegst, wenn deine Augen vom Ziel abweichen, wenn deine Gedanken abschweifen oder wenn du blinzelst. Wenn du die Übung an einem Tag vergessen hast, bedeutet dies auf jeden Fall wieder bei Tag 1 anzufangen.

Eine andere Möglichkeit ist, die tägliche Wiederholung mit dem Satz „Ich will" auf jeden Fall bis zum Tag 30 durchzuführen. Auch dann, wenn die Augen blinzeln oder du dich bewegt hast. Gerade das Offenhalten der Augen ohne zu blinzeln, kann nicht von jedem Menschen in so kurzer Zeit erreicht werden.

Du kannst die einzelnen Kriterien dieser Übung auch getrennt erarbeiten und das Ganze später zur vollständigen Übung zusammenfügen. In diesem Fall trainierst du deine Augen, indem du einen Punkt fixierst, ohne zu blinzeln bis zu dem Moment, da es nicht mehr geht. Sobald du blinzelst, ist die Übung beendet. Du kannst dies durchaus mehrmals täglich tun, allerdings solltest du genügend Erholungspausen für deine Augen einlegen, um jegliche Überanstrengung zu vermeiden.

Ebenso kannst du auch die Unbeweglichkeit trainieren. Nimm dir vor, in einer bestimmten Stellung absolut bewegungslos zu verharren, Ziel sollten 30 Minuten sein. Sobald du dich bewegst, ist die Übung beendet. Auch diese Übung kannst du mehrmals täglich durchführen.

Wenn du derartige Übungen noch nie gemacht hast, wirst du wahrscheinlich erstaunt sein, wie schwierig die einzelnen Themen in der Praxis durchzuführen sind. Die Aufmerksamkeit gleicht einem Schmetterling, der ruhelos von Blüte zu Blüte fliegt. Der Körper rebelliert gegen die Unbeweglichkeit und die Gedanken benehmen sich wie eine Horde wild gewordener Affen. Das alles kannst du bewältigen, indem du beharrlich Schritt für Schritt weitergehst.

Imagination

Imagination ist ein lebendiges inneres Erleben. Mit diesem Thema haben viele Menschen Probleme. Diese Probleme beruhen teilweise auf Missverständnissen, teilweise auf echten Blockaden. Stell dir vor, du gehst nun zur nächsten Tür und öffnest diese. Wo befindet sich die nächste Tür? Öffnet diese sich nach innen oder nach außen? Wenn du davor stehst, befindet sich der Türgriff links oder rechts?

Diese Anweisung und Fragen haben gerade eben etwas bei dir ausgelöst. Du hast auf deine Art Vorstellungen entwickelt/erinnert, wie du die Tür öffnest und wie diese beschaffen ist. Genau dies ist deine (augenblickliche) Art zu imaginieren. Wie ist deine Art zu imaginieren beschaffen? Ist sie überwiegend visuell, kinästhetisch oder auditiv. Das heißt, siehst du vorwiegend Bilder, fühlst du die Bewegungen oder hörst du vielleicht deine eigenen Kommentare zu dem, was du da gerade innerlich tust? Oder ist es eine Mischung aller drei Sinne?

Um die Imagination zu schulen, ist es wichtig, dass du dir zunächst deiner augenblicklichen Art zu imaginieren bewusst wirst und diese auch ganz bewusst einsetzt. Allein dadurch wird sich deine Fähigkeit zu imaginieren enorm verbessern. Danach kannst du dich den einzelnen Parametern der Imagination zuwenden.

Bewusst imaginieren

Erinnere dich an eine schöne Begebenheit aus deinem Leben. Tauche ein in diese Situation und wenn du das Gefühl hast so richtig drinnen zu sein (assoziiert), dann lass deiner Fantasie freien Lauf.

In der Ich-will-Übung hast du gelernt, einen Gedanken bzw. einen Satz im Mittelpunkt deiner Aufmerksamkeit zu halten. Dies konntest du mit Hilfe deiner Sprache, indem du den Satz laut oder leise wiederholt hast. Etwas schwieriger wird es, wenn du vollkommen passiv einen Gedanken nur beobachtest.

Gedanken, Aufmerksamkeit, Konzentration und Kontrolle

Woher kommen die Gedanken? Auf den ersten Blick sieht es so aus, als sei man selbst Schöpfer der Gedanken. Aber stimmt das wirklich, produzieren wir die Gedanken selbst?

Ein Teil der Gedanken entsteht aufgrund körperlicher Belange wie Hunger, Durst usw. Dann gibt es Gedanken, die unserem Gedächtnis und der Fantasie entspringen. Und schließlich entstehen sie durch den Einfluss unserer Umwelt. Dazu zähle ich die Gedanken unserer Mitmenschen sowie die Einflüsse der Astral-Ebene und des kollektiven Unterbewussten.

Für unsere Sache ist es wichtig eine gewisse Kontrolle unserer Gedanken zu erlangen. Gedanken, die wir wiederholt denken, an denen wir festhalten, ziehen ähnliche Gedanken an. Allein aus diesem Grund lohnt es sich, hier eine Kontrolle ins Spiel zu bringen. Wie lange kannst du an einem Gedanken festhalten? Wähle einen beliebigen Gedanken, dann schau auf die Uhr, merke dir die Zeit und halte den Gedanken im Mittelpunkt des Bewusstseins. Sobald du abschweifst, schau wieder auf die Uhr und notiere dir die Zeit. Wiederhole diese Übung täglich mindestens einmal. Nach einigen Tagen wirst du feststellen, dass sich die Konzentrationszeiten kontinuierlich verlängern.

Gedankenleere

In den folgenden Übungen lernst du deine Gedanken abzustellen. Ziel ist es, eine Gedankenleere im Kopf herzustellen. Dies ist keine einfache Sache, denn mit unseren Gedanken in Form von innerem Dialog halten wir unsere Welt aufrecht. Alles was wir im Laufe unserer Sozialisation gelernt haben, kommentieren wir mit unserem inneren Dialog in Form von Gedanken.

Dabei spielt es keine Rolle, ob wir zum Beispiel einen Gegenstand in der äußeren Welt sehen oder ob er vor unserem geistigen Auge erscheint. Ebenso spielt es keine Rolle, ob diese Wahrnehmung visuell, auditiv, kinästhetisch oder eine Mischung aller Sinne ist. Wir nehmen wahr und kommentieren diese Wahrnehmung, was erneut weitere Erinnerungen auslöst (Assoziation). Ein Teufelskreis, aus dem kein einfaches Entrinnen gibt.

Teste die nachfolgenden verschiedenen Möglichkeiten und nutze die Version, mit der du am besten zurechtkommst. Gedankenleere zu erreichen ist eine der wertvollsten Fähigkeiten, die du dir aneignen kannst.

Was kommt danach?

Setze dich aufrecht hin und beobachte deine Gedanken. Sobald du dir eines Gedankens bewusst wirst, frag dich selbst: „Und welcher Gedanke kommt danach?" Du dringst quasi nicht tiefer in den jeweiligen Gedanken ein. Nimm ihn zur Kenntnis und lass ihn los, indem du dich fragst, welcher Gedanke wohl danach kommt. Du wirst bemerken, dass die Pausen zwischen zwei Gedanken immer länger werden, bis früher oder später eine vollkommene Gedankenleere eintritt.

Zahlen vorstellen

Setze dich in einen möglichst kleinen, dunklen Raum, bei völliger Ruhe. Entspanne dich und komme innerlich zur Ruhe, durch tiefes, ruhiges und gleichmäßiges Atmen. Deine Augen sind geschlossen. Dann beginne von 10 rückwärts dir jede einzelne Zahl vorzustellen:
10----9-----8-----7-----6-----5-----4-----3-----2-----1-----0----- Leere ----- Leere ----
Bis zu null und dann nur noch Leere (Gedankenleere). Diese Methode funktioniert bei vielen Menschen sehr gut. Du kannst die einzelnen Zahlen innerlich sehen, hören, denken oder alles zusammen, so wie es dir am besten liegt.

Vielleicht musst du bei einer höheren Zahl beginnen, 20, 30 oder mehr. Entscheidend ist, dass du deine gesamte Aufmerksamkeit auf die entsprechende Zahl konzentrierst. Das heißt, du gehst erst zur nächsten Zahl über, wenn du die gegenwärtige Zahl innerlich voll erfasst hast. Nach der Zahl Null folgt nur noch Leere, du siehst innerlich nichts mehr. Dein innerer Dialog verstummt, es herrscht Gedankenstille. Einige Menschen haben hierbei das Gefühl, der innere Dialog wäre leiser geworden, hätte sich etwas zurückgezogen etc. Das ist alles in Ordnung.

Reizüberflutung

Diese Übung wird im Gehen ausgeführt. Am besten bei regelmäßigen Spaziergängen in freier Natur. Stelle deine Augen auf Unendlich und versuche im Winkel von 180 Grad alles wahrzunehmen. Du siehst alles um dich herum, aber nichts Genaues. Zusätzlich kannst du dir noch zwischen Kleinen, -Ring, -Mittel- und Zeigefinger beider Hände Holzstäbchen klemmen (etwa so groß wie deine Finger).

Wenn du auf diese Art gehst, wirst du mit so vielen Reizen überflutet, dass dein innerer Dialog früher oder später verstummt, da er so viele Dinge gleichzeitig nicht mehr beschreiben kann. Das Einzige, worauf du hierbei achten musst, ist, dass du nicht versuchst, deinen Blick auf irgendwelche Einzelheiten zu richten. Dies ist die einzige Hürde, die es zu überwinden gilt, da wir gewohnt sind unseren Blick immer auf etwas bestimmtes zu fokussieren.

Wenn du diese Übung regelmäßig durchführst, wirst du schon bald bemerken, dass die Umgebung zu leuchten beginnt. Wenn du an diesem

Punkt angelangt bist, geh einfach weiter, als sei nichts Besonderes geschehen. Solltest du dich dazu hinreißen lassen deine Wahrnehmungen verstandesmäßig zu analysieren, wirst du wieder von vorn beginnen müssen. Dies ist eine sehr gute Übung aus dem Schamanismus, es gibt Schamanen, die nennen dieses Erlebnis *"die Schwelle zur Kraft überschreiten."*

Welche dieser drei Übungen ist am besten geeignet für dich? Nachdem du alle drei Übungen intensiv durchgeführt hast, wähle die Übung, die dir am meisten zusagt.

Achtsamkeit

Konzentriere deine ganze Aufmerksamkeit auf deine Atmung. Dafür kannst du die Yoga-Atmung nutzen. Immer wenn ein Gedanke auftaucht, ignorierst du ihn und konzentrierst deine ganze Aufmerksamkeit auf die Atmung. Auch hier spielt die Beharrlichkeit wieder eine wichtige Rolle. Indem du deine Aufmerksamkeit beharrlich immer wieder zurück zur Atmung führst, programmierst du gleichzeitig dein Unterbewusstsein die Gedanken zu ignorieren. Unser Unterbewusstsein lernt sehr schnell über den Weg der Beharrlichkeit. Am besten du spielst die verschiedenen Methoden gleich jetzt einmal durch, bevor du weiterliest.

"Jedem redlichen Bemühn sei Beharrlichkeit ver-
liehn."   Johann Wolfgang von Goethe

Übung zur Imagination

Schließe deine Augen und gehe in Gedanken einen Weg, den du schon so oft gegangen bist,
dass du ihn mühelos erinnern kannst. Merke dir,
was du alles wahrnimmst. Dann wiederhole diese
Übung, bleibe aber an einem beliebigen Punkt
stehen, um mehr Einzelheiten wahrzunehmen.
Wiederhole noch einmal und versuche noch
mehr Einzelheiten wahrzunehmen.

Geh diesen Weg nun mehrmals und richte deine
Aufmerksamkeit bei jeder Wiederholung auf einen anderen Sinnes-Kanal. Was hörst du? Was
siehst du? Was fühlst du? Gibt es auch etwas zu
riechen/schmecken?

Im nächsten Schritt lässt du neue Elemente einfließen, indem du Veränderungen vornimmst. Du
lässt neue Szenen entstehen. Zum Beispiel
kannst du verschiedene Menschen oder Dinge
erscheinen lassen, die in Wirklichkeit nicht auf
diesem Weg zu sehen waren.

Nutze weitere Möglichkeiten. Konstruiere ein Haus, lege einen Garten an, baue irgendwelche Gegenstände. Dies alles mit deiner Vorstellungskraft. Deine Vorstellungskraft ist eine Goldgrube.

Hör dir gute Musik an, genieße gute Speisen, alles nur mit/in deiner Vorstellung.

Lerne all dies auch mit offenen Augen zu tun!

Wenn du mit deiner Imagination spielst, wirst du schon bald großes Gefallen daran finden. *Eine gute, kontrollierte Vorstellungskraft ist das wertvollste Werkzeug zur Gestaltung der persönlichen Realität.*

Du hast nun deine ersten Erfahrungen gesammelt und folgende Übungen mehr oder weniger gut in deinen Alltag integriert:

- Die Tief-Atmung
- Die Ich-will-Übung
- Bewegungslosigkeit
- Augenübung
- Konzentration auf einen Gedanken
- Gedankenleere erzeugen
- Imagination

Absicht/Beabsichtigen

Während nun die nächsten Tage deine Gedankenkontrolle und Imagination weiterhin zum täglichen Training werden sollten, nutze die Zeit, deine Absicht zu klären. Du solltest dir klar machen, was genau du willst in deinem Leben. Die meisten Menschen wissen nicht, was sie wollen und vergeuden so ihre Energie. Die Absicht ist quasi dein Zielfernrohr. Nur wenn du ein klares Ziel im Visier hast und dieses Ziel lange genug anvisierst, kannst du es erreichen.

Oft hindern Entscheidungsängste einen Menschen daran, sich auf ein Ziel festzulegen. Mach dir bewusst, dass du dich jederzeit neu entscheiden kannst, dann fällt es dir leichter dich auf ein Ziel festzulegen. Sobald du deine Absicht einmal bewusst ausgerichtet hast, fängt dein persönlicher Magnetismus an zu wirken. Wie schon erwähnt, wirkt der Magnetismus automatisch, auch zu den Zeiten, da du dich nicht mit deinen Zielen beschäftigst. Du solltest genau wissen, was du willst und genau wissen, was du auf keinen Fall möchtest. Die anziehenden und abstoßenden Kräfte des persönlichen Magnetismus wirken entsprechend einem physikalischen Magnet, darauf kannst du dich zu 100 Prozent verlassen.

Weiterer Aufbau der Willenskraft

Wenn Wille und Einbildung (inneres Erleben) ge-
geneinander arbeiten, unterliegt immer und aus-
nahmslos der Wille.

So kennen wir es von der Hypnose, aber auch
aus vielen alltäglichen Situationen. Wenn du zum
Beispiel zu später Stunde ins Bett gehst und am
nächsten Tag wegen wichtiger Angelegenheiten
früh aufstehen musst, aber nicht einschlafen
kannst. Du willst unbedingt schlafen, aber dein
inneres Erleben lässt dich nicht zur Ruhe kommen. Und je mehr du dich bemühst, umso wa-
cher bist du. Die Energie, die du aufwendest, ar-
beitet dabei gegen dich.

Ein anderes Beispiel: Wenn du dir etwas vornimmst zu tun oder nicht zu tun, funktioniert das
über die reine Willenskraft nur kurzfristig, die Willenskraft ist schnell erschöpft. Oberflächlich gesehen stimmt dies alles.

Aber hast du dir schon einmal Gedanken darüber
gemacht, was Willenskraft eigentlich ist? Bei den
meisten Menschen kommen Vorstellungen wie
Verbissenheit, gewaltsame Kontrolle, Verbote
und Anstrengung. Wahrscheinlich sind dies
Überbleibsel aus der Zeit der Willensentwicklung,

die mit ca. zwei Jahren beginnt. In dieser Zeit erfährt das Kind, dass es etwas wollen kann und dass es unter verschiedenen Möglichkeiten entscheiden kann. Allerdings erfährt es auch Grenzen und Widerstand. All diese Erlebnisse prägen den späteren Willen.

Als Kleinkind machen wir die Erfahrung, dass wir durch unser Verhalten auf die Umwelt einwirken können, die Geburtsstunde unseres Willens. Das wohl einfachste Muster des Willens ist: Hungergefühl – Schreien – Gestilltwerden, bzw. Nahrung zu bekommen. Mit der Zeit entwickeln wir immer komplexere Muster. Solch ein Muster bewusster Willensausübung könnte folgendermaßen aussehen.

1. *Wir haben einen Wunsch / Ziel:* Hier sollten wir schon hinterfragen, was hinter diesem Wunsch steht. Was erwarten wir, wenn das Ziel erreicht, der Wunsch erfüllt ist? Du erinnerst dich, es geht letztendlich immer um Gefühle. Wir erwarten einen ganz bestimmten Gefühlszustand. Diese Erwartung motiviert uns und gibt uns Energie.
2. *Wie realistisch ist das Ziel?* Befindet sich das Ziel im Rahmen des Menschenmöglichen?

3. *Die Entscheidungsphase:* Hier entscheiden wir, ob wir uns dem Ziel zuwenden oder nicht.
4. *Die Motivation Phase:* Wie unter 1. wenden wir uns dem Gefühl zu. Hier feuern wir uns selbst an mit positiven Vorstellungen.
5. *Die Planung:* Wer ein Ziel anstrebt, sollte seine Aktionen sinnvoll planen.
6. *Die Aktivität:* Hier schreiten wir zur Tat.

Wenn wir uns nun diesen einzelnen Phasen oder Punkten zuwenden, werden wir feststellen, dass wir nicht überall gleich stark sind. So können wir gezielt Schwächen ausgleichen und unsere Willenskraft trainieren.

Zu 1.: Gewöhne dir an, jedes deiner Verlangen gleich zu hinterfragen. Um welches Gefühl geht es dir? Sobald ein Wunsch/Verlangen auftaucht, benutze eine oder mehrere der folgenden Formeln:

Ich wünsche mir X, weil ich dann ....
Wenn ich X hätte, dann ....
Wenn ich X wäre, dann ....
Mit X würde ich ....

Wenn du diese Formeln regelmäßig nutzt, wird dies dein Denken enorm klären. Dadurch kannst du dich auf das Wesentliche konzentrieren, auf die Gefühle, die du benötigst, um glücklich zu sein. Du wirst Parallelen zu anderen Wünschen entdecken, was wiederum deine positiven Erwartungen stärkt.

Zu 2.: Auch hier verhilft dir sofortiges Hinterfragen zu mehr Klarheit.

Zu 3.: Nachdem du 1. und 2. sorgfältig geprüft hast, entscheide dich dafür oder dagegen. Schiebe nichts auf die lange Bank. Viele Menschen haben Angst vor Entscheidungen. Mach dir bewusst, dass du dich jederzeit neu entscheiden kannst. Erfolgreiche Menschen treffen ein Vielfaches mehr an Entscheidungen als erfolglose Menschen. Den „Entscheidungsmuskel" kann man trainieren. Entscheidungen hinauszuzögern blockiert Energie. In dem Moment, wo du eine Entscheidung triffst, setzt du eine Menge Energie frei.

Zu 4.: Zur Motivation nutzt du dein inneres Erleben. Erlebe deine Wunscherfüllung bzw. Zielsituation mit so vielen Sinnen wie möglich. Je öfter du dich bewusst durch vitale Imagination motivierst, umso kraftvoller wirkt dieses innere Erleben.

Zu 5.: Bevor du zur Tat schreitest, solltest du die einzelnen Schritte planen. Eine gute Planung spart viel Zeit und Mühe. Vor allen Dingen gehst du innerlich den Weg zum Ziel und entwickelst ein entsprechendes Gefühl dafür. Gute Planung ist wie Mentaltraining.

Zu 6.: Zur Tat schreiten, nichts hinauszögern, du solltest sofort aktiv werden. Auch dies kannst du dir antrainieren, und du wirst staunen, wie viel Energie frei wird. Es ist wie bei Punkt 3 - Entscheidungen fällen. Je zügiger du aktiv wirst, umso mehr Energie steht dir zur Verfügung.

Weitere Möglichkeiten

Eine sehr gute alte Methode zum Aufbau der Willenskraft sind die sinnfreien Handlungen. Hierbei tust du etwas, das weder Nutzen noch Sinn hat. Du tust es mit allergrößter Aufmerksamkeit und Sorgfalt. Zum Beispiel eine große Schüssel mit getrockneten Erbsen und Bohnen sortieren. Jede einzelne Erbse und Bohne einzeln entnehmen und sorgfältig auf einem Tisch aufreihen. Es geht hierbei darum, dass du wirklich jede einzelne Bewegung bewusst willentlich ausführst. Jede bewusste körperliche Bewegung ist ein Willensakt.

Zum besseren Verständnis hier noch weitere Übungsvorschläge:

Leg beide Hände vor dich auf den Tisch, so, dass die Handkanten auf dem Tisch aufliegen und die Daumen nach oben zeigen. Die Finger sind alle gestreckt. Dann beginne damit, den kleinen Finger der rechten Hand zu krümmen. Tu dies so langsam, dass du fast keine Bewegung sehen kannst. Sobald die Fingerspitze auf der Handfläche angekommen ist, tust du das Gleiche mit dem Ringfinger. So krümmst du nacheinander alle Finger der rechten Hand zur Faust. Das Gleiche tust du dann mit der linken Hand. Sobald auch die linke Hand zur Faust geschlossen ist, öffnest du beide Hände in umgekehrter Reihenfolge, Finger für Finger mit voller Konzentration.

Den Raum durchqueren. Stell dich in eine Ecke des Raumes und gehe ganz bewusst zur gegenüberliegenden Ecke. Bewege dich ganz bewusst so langsam, dass ein Beobachter keinerlei Bewegung sehen könnte. Danach gehe auf die gleiche Weise wieder zurück. Spüre in deinen Körper hinein. Kannst du deinen Willensbefehl zur Bewegung irgendwo wahrnehmen?

Ein anderes Beispiel ist das Handheben. Setz dich auf einen Stuhl und lege beide Hände auf die Oberschenkel. Nun fixiere deine rechte Hand und hebe sie ganz langsam hoch. Auch hier wieder so langsam, dass du die Bewegung nicht sehen kannst. Auf die gleiche Weise lässt du sie wieder zurücksinken. Nun wiederholst du das Ganze aber dissoziiert. Stell dir vor, es sei eine fremde Hand, die du mit deiner Willenskraft hebst. Diese Übung lohnt sich immer wieder zu wiederholen.

Ein weiteres Beispiel ist die Spiegelübung. Stell dich vor einen Spiegel und fixiere dein drittes Auge. Dann imaginiere möglichst mit allen Sinnen, wie dein rechter oder linker Arm sich hebt.

Nach diesen Mustern kannst du dir weitere Übungen kreieren.

Einem Verlangen die Kraft entziehen

Die nun folgende Übung ist eine der besten und wirksamsten Methoden, um persönlichen Magnetismus anzusammeln. Darüber hinaus kannst du sie nutzen, um dich von vielen Lastern und Übeln zu befreien. Im folgenden Beispiel spreche ich von einem Verlangen. Du kannst diese Methode aber auch auf andere Themen anwenden. Es funktioniert auch bei Gelüsten, Impulsen, Begierden, Wünschen, kurz bei allen Themen, die eine Befriedigung von dir fordern.

Nimm ein Thema, dass deiner augenblicklichen Willenskraft entspricht, eine Aufgabe, von der du weißt, dass sie dir zwar nicht leicht fällt, aber die du mit etwas Anstrengung durchaus bewältigen kannst.

Was wir Menschen alle zur Genüge haben, ist unser Verlangen, gelobt zu werden, gut dazustehen und bewundert zu werden. Dieses Verlangen macht sich ganz unterschiedlich bemerkbar, zum Beispiel indem wir irgendetwas kommentieren oder unsere Überlegenheit in einer bestimmten Sache zur Geltung bringen. Nach dem Motto „Leute hört her, ich weiß etwas."

In dem Moment, da du das Verlangen spürst dich auf diese Art hervorzutun, atmest du tief ein mit den Worten (in Gedanken) „Die Energie (des Verlangens) ist in mir." Die Luft kurz anhalten mit den Worten „Ich übernehme die Kontrolle (über diese Energie)..." Ausatmen mit den Worten „...und nutze sie für meine Zwecke."

Wenn du es richtig machst, spürst du die Wirkung sofort.

Diese Technik solltest du mit Themen beginnen, von denen du sicher weißt, dass du dafür schon genügend Willenskraft besitzt. Dann steigerst du kontinuierlich den Schwierigkeitsgrad. Vielleicht gibt es etwas in deinem Leben, dem du schon lange nachjagst, eine bestimmte Sache, Situation oder was auch immer. Mit dieser Technik kannst du die anziehende Wirkung des persönlichen Magnetismus hautnah erleben. Du spürst die Energie und übernimmst die Kontrolle. Dadurch hast du die Anziehung umgepolt. Das was dich bisher angezogen hat, ziehst du nun an. Ein ganz fantastisches Gefühl.

Ein weiteres Beispiel: Nimm etwas, das dir sehr, sehr gut schmeckt. Das kann etwas zum Essen, aber auch etwas zum Trinken sein. Stell es vor dich auf den Tisch. Schau es an und erinnere dich daran, wie gut es schmeckt. Dann nimm einen kleinen Schluck oder einen kleinen Bissen. Genieße den guten Geschmack. Nun konzentriere dich auf dein Verlangen nach mehr. Spüre die Energie, die hinter diesem Verlangen steht. Dann atme tief ein mit den Worten „Diese Energie ist in mir." Halte kurz die Luft an mit den Worten „Ich übernehme die Kontrolle." Schließlich atmest du aus mit den Worten „...und ich nutze diese Energie für meine Zwecke." Das Leckerli entsorgst du dann im Müll oder überlässt es jemandem, der es mag.

Falls du (noch) rauchst, kannst du das auch mit deiner Zigarette machen, ein Zug und den Rest in den Müll. Weitere Möglichkeiten diese Technik anzuwenden sind: Gewohnheiten allgemein, Lieblingsspeisen und Getränke, ganz natürliche Bedürfnisse wie Hunger, Durst, Verlangen nach

Pausen, Müdigkeit, Hitze, Kälte usw. Immer dann wenn sich ein natürliches Verlangen einstellt, Kontrolle übernehmen und die Befriedigung desselben willentlich etwas hinauszögern / verschieben.

Porenatmung

Entspanne dich und stell dir vor, du atmest reine Energie ein. Stell dir vor, du befindest dich in einem Meer von Energie. Du bist vollkommen allein und um dich herum ist nur diese Energie. Vielleicht siehst du die Energie als weißes Licht oder farbig, das bleibt dir überlassen.

Sobald du dich an diese Vorstellung/Atmung gewöhnt hast, gehst du einen Schritt weiter. Nun stellst du dir vor, wie diese Energie bei jedem Einatmen von deinen Poren aufgesaugt wird, dein ganzer Körper saugt diese Energie ein. Jede einzelne Pore ist wie ein kleiner Mund, der diese Energie einatmet. Beim Ausatmen denkst du an nichts. Diese Energie bleibt in deinem Körper und baut sich auf. Atme weiter, bis du das Gefühl hast, dass dein Körper prall voller Energie ist und diese nun über deine körperliche Grenze hinaus strahlt. Mit der Zeit lässt du die Strahlung wachsen, so dass deine ganze Umgebung von dieser (deiner) Energie durchdrungen wird.

Immer bevor du die jeweilige Übung beendest, musst du die überschüssige Energie entladen. Stell dir einfach vor, wie diese Energie aus deinen Händen (oder Augen) heraus strömt ins Universum. Ebenso kannst du visualisieren, dass diese Energie deinen Zielen zufließt oder diese zu Heilzwecken einsetzen.

Reinigungsatem

1. Einen vollständigen Atem einziehen
2. Denselben ein paar Sekunden zurückhalten. Die Lippen spitzen wie zum Pfeifen, (aber nicht die Wangen aufblasen), dann mit beträchtlicher Kraft ein wenig Luft durch die Öffnung ausstoßen. Dann einen Augenblick pausieren, wobei man die Luft zurückhält, und dann wieder ein wenig Luft ausatmen.

Dies wiederholen, bis die Luft vollständig ausgeatmet ist. Die Luft muss mit Kraft durch die Öffnung in den Lippen ausgestoßen werden.

Lungenzellen beleben

Um deine Lungenzellen zu beleben stell dich aufrecht hin. Sehr langsam und nach und nach einatmen. Während des Einatmens die Brust mit den Fingerspitzen leise klopfen und beständig die Stelle wechseln. Wenn die Lunge gefüllt ist, den Atem zurückhalten und die Brust mit den Handflächen klopfen. Den *Reinigungsatem* (wie vorher beschrieben) ausführen.

Energie durch Atmung und Muskelspannung

Diese Übung ist gut geeignet um mit ihr den Tag zu beginnen. Du kannst sogar in deinem Bett liegen bleiben (besser wäre jedoch eine gerade feste Unterlage). Entferne dein Kopfkissen und lege dich auf den Rücken. Deine Hände liegen unter deinem Kopf. Nun spannst du möglichst alle Muskeln an, während du tief einatmest und dir vorstellst wie universelle Energie durch dein Solar Plexus in deinen Körper strömt und sich dort sammelt. Beim Ausatmen entspannst du alle Muskeln und stellst dir vor wie sich diese Energie nun in deinem ganzen Körper ausbreitet. Versuche zu spüren wie die Energie über deine Nerven und Meridiane bis in den letzten Winkel deines Körpers geleitet wird. Wiederhole diese Übung fünf bis zehn mal und führe gleich im Anschluss die nun folgende Übung durch.

Du stehst aufrecht, die Fersen zusammen. Strecke deine Arme rechts und links in Schulterhöhe aus. Die Handflächen zeigen nach oben. Schließe deine Hände so dass du mit deinen Fingerspitzen fest auf die Daumenballen drückst. Spanne alle Muskeln an und atme langsam und tief ein. Halte den Atem für einige Sekunden an. Beim Einatmen stellst du dir vor wie du universelle Energie aufnimmst und diese im Solar Plexus sammelst. Atme aus, entspanne alle Muskeln und stell dir vor wie die Energie durch den ganzen Körper strömt. Dann öffne deine Hände, drehe die Handflächen nach unten und spüre wie die Energie aus den Händen durch die Finger nach außen strömt. Währenddessen atmest du zwei bis drei Atemzüge ganz normal. Dann wiederholst du den ganzen Vorgang. Handflächen nach oben, Hände schließen, Muskeln anspannen, einatmen usw. Auch diese Übung sollte fünf bis zehn mal wiederholt werden.

Gleich im Anschluss folgt dann der letzte Teil dieser Übungsreihe. Die Arme hängen seitlich runter, die Hände wieder fest zusammengepresst (Faust, wie bereits bei der Übung zuvor). Du stellst dich auf die Zehenspitzen und streckst die Arme noch oben. Währenddessen atmest du ein. Dann gehst du langsam in die Hocke, lässt die Arme nach unten sinken, öffnest deine Hände und atmest aus. Gehe so tief in die Hocke wie es dir möglich ist, ohne das deine Fersen den Boden berühren. Dann richtest du dich wieder auf und wiederholst den ganzen Vorgang mehrmals. Versuche deinen Rücken so gerade wie möglich zu halten. Während dieser Übung wiederholst du in Gedanken oder laut, die Formel *„ICH BIN VOLLER LEBENSKRAFT, GESUND UND STARK."* Wichtig ist dass du ganz bei der Sache bist. Es kommt hierbei nicht auf die Häufigkeit oder Geschwindigkeit an sondern auf die volle Konzentration. Deine ganze Aufmerksamkeit sollte auf die exakte Ausführung der Bewegung gerichtet sein (ähnlich wie bei Tai Chi- Übungen). Der Rücken sollte möglichst gerade gehalten werden und die Fersen sollen den Boden nicht berühren.

Das Geheimnis der Muskelkontraktion

Es gibt noch weitere Techniken bei denen die Muskelkontraktion eine wichtige Rolle spielt. Bei den zwei vorhergehenden Übungen ging es darum Energie anzusammeln. Die Grundidee der Muskelkontraktion ist, dass jede beliebige Kraft umwandelbar ist. So wie man die Kraft der Elektrizität in Magnetismus umwandeln kann, ist es auch umgekehrt möglich, die Kraft des Magnetismus in Elektrizität zu wandeln. Genauso kann man mit allen Kräften verfahren, auch mit den mentalen Kräften. Wenn wir zum Beispiel einer Begierde die Energie entziehen tun wir dies ja mittels unseres Willens. Das heißt, hier verwandeln wir die Kraft der Begierde durch die psychische Glut des Willens in persönlichen Magnetismus. Auch die Muskelkontraktion ist ein Akt des Willens. Auch hier verwandeln wir durch die psychische Glut des Willens (Muskel-) Kraft in persönlichen Magnetismus. Ob die ganze Sache mit der Wandlung der Energie sich rein wissenschaftlich tatsächlich so verhält kann ich nicht sagen. Was ich jedoch mit Bestimmtheit bestätigen kann, ist die Tatsache, dass es funktioniert. Du kannst es mit folgender Übung testen.

Imaginiere eine beliebige Sache. Dies kann visuell, auditiv oder kinästhetisch sein oder auch aus all diesen Sinneswahrnehmungen bestehen. Dann spanne die Muskeln beider Arme an und schau was sich an deine Imagination ändert. Wahrscheinlich wirst du die Sache einige Male wiederholen müssen falls die Muskelkontraktion dich zu sehr vom inneren Erleben ablenkt. Wenn du alles richtig machst wirst du feststellen das deine Imagination um ein Vielfaches intensiver ist.
Auch bei der Hypnose durch Faszination ist die Übertragung eindeutig stärker wenn wir mit Muskelkontraktion arbeiten. In einem alten Buch über persönlichen Magnetismus habe ich folgende Übung zur Wunsch- und Zielverwirklichung gefunden.

Wunsch- und Zielverwirklichung

Stell dich aufrecht hin und spanne alle Muskeln so stark an wie du kannst. Während du dies tust richtest du deine Aufmerksamkeit auf den Endzustand den du dir wünschst. Du kannst das ganze noch mit einem Schlüsselsatz bekräftigen. Zum Beispiel, „genauso ist es gut." Sei dir bewusst, dass die physischen Kräfte die deine Muskeln erzeugen sich in geistige Ströme verwandeln und dann auf die betreffenden Umstände und/oder Personen einwirken.

Wahrscheinlich sind die geradezu unglaublichen Erfolge von Arnold Schwarzenegger durch diese Prinzipien zu erklären.

Wasser magnetisieren und imprägnieren

Wasser hat sehr gute magnetische Eigenschaften und ist gut zu imprägnieren. Die magnetische Aufnahmefähigkeit des Wassers ist am größten bei einer Wassertemperatur um die 4 bis 6 °C. Mit zunehmender Wärme schwindet die Aufnahmefähigkeit. Bei einer Temperatur zwischen 36 und 39°C wird es für den Magnetismus neutral. Dies betrifft nur den Magnetismus, imprägnieren kann man Wasser (und auch andere Stoffe) temperaturunabhängig.

Praktische Anwendung (Magnetismus)
Tauche deine Hände in kaltes Wasser und stell dir vor, wie das Wasser alles Negative aus deinem Körper, deinem System herauszieht. Dieses Wasser solltest du dann sorgfältig entsorgen. Nach dem gleichen Prinzip kannst du auch kalt duschen, immer mit der Vorstellung, dass alle Schwächen, alles Negative mit dem Wasser abfließen. Noch stärker ist die Wirkung, wenn du in einem Fluss badest.

Praktische Anwendung (Imprägnieren)
Du kannst Wasser (wie auch alle anderen Stoffe) mit einer Idee imprägnieren. Nimm zum Beispiel ein Glas Wasser, halte es in der Hand oder stell es vor dich hin. Dann hältst du eine oder beide Hände darüber und imaginierst die Idee, mit der du das Wasser laden möchtest (Gesundheit, Stärke, Wohlbefinden, Mut usw...). Stell dir vor, wie diese Idee durch deine Hände in das Wasser übertragen wird. Alternativ kannst du dies auch mit deinen Augen übertragen oder auch mit Händen und Augen.

Dieses Wasser kann dann getrunken werden. Auf die gleiche Weise kannst du auch größere Mengen (Badewanne) an Wasser imprägnieren, in dem man dann baden kann.

Das Bewusstsein versetzen

In dieser Übung geht es darum, das Bewusstsein in verschiedene Gegenstände, Pflanzen, Tiere und Menschen zu versetzen. Auf den ersten Blick scheint das eine schwierige oder gar unglaubliche Sache zu sein, aber folge einfach Schritt für Schritt diesen Anweisungen und urteile danach.

Lege einen einfachen Gegenstand vor dich auf den Tisch zum Beispiel eine Tasse. Schau dir den Gegenstand genau an, präge dir die Lage ein. Dann schließe die Augen und stell dir vor, wie du eins wirst mit diesem Gegenstand. Fühle aus diesem Gegenstand heraus, nimm die Welt aus diesem Gegenstand heraus wahr. Erwarte keine besondere Sensation, sondern sei einfach nur neugierig wie sich deine Wahrnehmung ändert, wenn du dich in den Gegenstand versetzt.

Sobald dies einigermaßen gelingt, wechselst du das Objekt. Im nächsten Schritt versetzt du dein Bewusstsein in Gegenstand A, nimmst die Welt von A aus wahr. Aus der Position A wechselst du weiter zu B von B zu C usw.

Interessant ist es auch, sein Bewusstsein in eine Pflanze, ein Tier oder sogar in einen anderen Menschen zu versetzen. Unsere Wahrnehmung ist zu großartigen Leistungen fähig. Als Anregung hier noch ein kleines Experiment. Such dir einen Platz in der Natur von wo aus du in der Ferne Bäume oder auch nur einen Baum sehen kannst. Der Baum, den du wählst, soll so weit entfernt sein, dass du zwar erkennen kannst, dass es ein Baum ist, aber auf keinen Fall erkennen kannst, um was für einen Baum es sich handelt. Dann setzt du dich bequem hin und beobachtest diesen Baum. Versuche nicht irgendetwas zu erkennen, sondern erfasse den ganzen Baum. Stell deine Augen auf unendlich, so als würdest du einen Punkt weit hinter diesem Baum betrachten. Dann halte diesen Blick und sei geduldig. Vielleicht geschieht es schon beim ersten Mal, vielleicht erst nach einigen Wiederholungen, dass du dich ganz unverhofft mitten in diesem Baum befindest. Du siehst plötzlich jedes Blatt überdimensional groß direkt vor deiner Nase. Später kannst du dich auf den Weg machen hin zu diesem Baum und prüfen ob deine Wahrnehmung nur Einbildung war oder ob du tatsächlich die richtigen Blätter erkannt hast.

Erschaffe die beste Version deiner Selbst

Nimm Dir Zeit und (be)schreibe die optimale Version deiner Selbst. Mit allen Eigenschaften, die du dir wünschst. Nutze dazu auch Beispiele aus der Praxis. Erinnere dich zum Beispiel an konkrete Situationen, in denen du dir ein besseres Verhalten gewünscht hast, bzw. im Rückblick darauf wünschst. Jede charakterliche Schwäche erzeugt Stress im System. Ziel dieser Übung ist eine Charaktertransformation, frei von Stress. Zieh dir die Energie aus jedem negativen Impuls, so wie schon beschrieben und sei die Person, die du sein möchtest. Dies ist übrigens eine Methode, die *Neville Goddard* in seinen Büchern beschreibt.

Wenn du dir etwas besonderes wünschst, ein angenehmeres Leben zum Beispiel, deinen Traum verwirklichen willst, *dann muss die Veränderung bei dir beginnen. Indem du dich veränderst, verändert sich die Welt um dich herum. Du musst zu der Person werden, die du bist, wenn du deinen Traum lebst.* Nun kommen dir all die Übungen, die du absolviert hast, zugute.

1. Visualisiere/imaginiere die Person, die du sein wirst, wenn du deine Zielrealität erreicht hast.
2. Versetze dich in diese deine neue Version.
3. Fühle dich körperlich in diese Version von dir ein.
4. Nimm die Welt um dich herum aus dieser neuen Position wahr.

5. Wenn es das ist, was du möchtest, genieße es, bleibe in dem Gefühl und in dieser Position. Verliere dich in dieser neuen Realität.

„...dann muss die Veränderung bei dir beginnen. Indem du dich veränderst, verändert sich die Welt um dich herum. Du musst zu der Person werden, die du bist, wenn du deinen Traum lebst."

Praxis Teil B

Anwendungen in Therapie und Alltag

In diesem Teil findest du verschiedene Methoden zur Selbsthilfe und Therapie.

Die meisten der hier vorgestellten Techniken beruhen auf dem sogenannten „thierischen Magnetismus" von Franz Anton Mesmer. Auch dieser thierische oder animalische Magnetismus wirkt wie der persönliche Magnetismus analog dem physikalischen Magneten. Was Mesmer vor über 200 Jahren intuitiv oder wie auch immer wahrgenommen hat, ist heute im Großen und Ganzen wissenschaftlich bewiesen.

Jede Zelle, jedes Organ, bis hin zum Körper als Ganzes ist umgeben von einem magnetischen Feld. Das harmonische Zusammenspiel dieser Energiefelder gewährleistet unsere Gesundheit. Kommt es zu Störungen in einem oder mehreren dieser energetischen Felder, entstehen früher oder später Krankheiten. Meinen Erfahrungen nach betrifft dies nicht nur die körperliche Ebene. Auch viele psychische Probleme lassen sich auf energetische Weise lösen. Neueste wissenschaftliche Untersuchungen haben ergeben, dass es noch einige andere energetische Felder

gibt, die ebenfalls Einfluss auf das Heilungsge-
schehen haben.

Mesmer benutzte anfangs Magnete, mit denen er
seine Patienten behandelte, bis er feststellte,
dass seine Hände allein die gleichen und noch
bessere Ergebnisse erbrachten. Wahrscheinlich
liegt es daran, dass sich die Energien des Be-
handlers automatisch auf die Bedürfnisse des
Patienten einstellen. Dies kann jedoch nur geschehen, wenn der Behandler vollkommen au-
thentisch das Wohl des Patienten beabsichtigt.
Auch hier weist Mesmer in seinen Schriften darauf hin, dass diese Energie dem Willen des An-
wenders folgt. Hier ist jedoch nicht das Magnetfeld eines physikalischen Magneten gemeint,
sondern die analog wirkende Kraft im Menschen.

So wie das menschliche Sein sich vom physischen Körper über den Astralkörper in immer feinere Gefilde erstreckt, bis hin zum reinen Sein
(Geist), so findet man auch die magnetischen
Kräfte analog in all diesen Seins-Zuständen. Anders ausgedrückt: So wie zum Beispiel der
Mensch aus verschiedenen Schichten (vom Fein-
stofflichen bis zum Grobstofflichen) in Erschei-
nung tritt, findet sich in jeder Schicht eine Kraft
analog dem physikalischen Magnetismus.

Magnetisierbares Material besteht aus vielen kleinen Elementarmagneten. Diese Elementarmagnete besitzen unterschiedliche Ausrichtungen. In einem magnetisierten Material weisen die Elementarmagnete hingegen eine einheitliche magnetische Ordnung auf. Wird die Ordnung der Elementarteilchen zerstört, so verliert das Material seinen Magnetismus. So erklärt man den Magnetismus auf physikalischer Ebene.

Betrachten wir uns analog dazu den persönlichen Magnetismus. Auch hier geht es um die Ausrichtung und Ordnung von (psychischen) „Elementarteilchen." Die innere Ordnung, die durch Absicht, Disziplin und Beharrlichkeit geschaffen wird, erzeugt den persönlichen Magnetismus. So hat jede Seins-Ebene seine magnetische Entsprechung.

Was für uns nun noch interessant ist, ist die Tatsache, dass durch Auflegen eines Magnetes, oder besser noch, der Hand des Therapeuten, die Teilchen der Materie ausgerichtet werden. Im Prinzip geschieht hier das Gleiche wie im mineralischen Magnetismus. Wenn man ein nicht magnetisches Eisen mit einem Magnet bestreicht, richten sich die Elementarteilchen des Eisens aus und das Eisen wird magnetisch. Genau dies geschieht auch im Körper, wenn wir die Hand auflegen oder „Mesmerische Striche" anwenden.

Ist der Körper ausgerichtet, beginnen die Selbstheilungskräfte automatisch zu arbeiten, der Körper reguliert sich selbst.

Mittlerweile ist der sogenannte „Schnellstart" eines Heilungsprozesses von der westlichen Wissenschaft anerkannt. Nicht heilende Knochenbrüche zum Beispiel können auch Jahrzehnte nach dem Bruch, durch den Einsatz elektromagnetischer Felder geheilt werden.

Wer tiefer in die Materie einsteigen möchte, dem empfehle ich die Bücher:

Energiemedizin von James I. Oschman (https://amzn.to/2XG1kuZ) und

Mesmerismus. Oder System der Wechselwirkungen, Theorie und Anwendung des thierischen Magnetismus von Karl Christian Wolfart und Friedrich Anton Mesmer (https://amzn.to/2VHUXW2).

Die vielen wissenschaftlichen Abhandlungen zu diesem Thema sind durchaus interessant, aber für unsere praktische Arbeit nicht notwendig. Jesus kannte sie alle nicht ;-)

Sensibilisierung der Hände

Wir Menschen können und tun sehr viele Dinge, ohne dass es uns bewusst ist. Unser Wahrnehmungsvermögen zum Beispiel scheint weitaus größer, als wir es für möglich halten. Energiefelder zu spüren und (Aura) zu sehen sind zwei solcher Wahrnehmungen. Wobei das Spüren von Energiefeldern weitaus mehr Menschen beherrschen als das Sehen solcher Felder.

Teste mit folgender Übung, ob du dein eigenes magnetisches Feld spüren kannst. Halte deine Hände vor deinen Bauch, so dass die Handinnenflächen sich gegenüberstehen. Deine Hände haben einen Abstand zueinander von ca. fünf bis zehn Zentimeter. Stell dir vor, du hättest einen ganz weichen elastischen Gummiball zwischen deinen Händen. Du drückst diesen Ball zusammen und lässt ihn wieder größer werden. Nimm dir Zeit, bleib bei dieser Vorstellung und spiel mit diesem imaginären Ball.

Wahrscheinlich wirst du schon nach kurzer Zeit einen Widerstand zwischen deinen Handflächen spüren. Langsam kannst du den Abstand deiner Handflächen zueinander vergrößern und wirst diesen Widerstand weiterhin spüren. Durch wiederholtes Üben werden deine Hände immer feinere Energien wahrnehmen. Solltest du zu den

Menschen gehören, die nichts spüren, kannst du dich durch eine der folgenden zwei Übungen sensibilisieren.

Klangvibrationen spüren

Für diese Übung benötigst du eine Klangschale. Stell die Klangschale vor dich auf den Tisch und schlage sie kräftig an. Nun hältst du deine Hände rechts und links neben die Schale, so nahe, dass du die Klangvibrationen in deinen Handflächen spüren kannst. Sobald du die Vibrationen spürst, vergrößerst du den Abstand zwischen deinen Handflächen und der Klangschale. Mit ein wenig Übung wirst du den Abstand immer mehr vergrößern können. Du kannst auch beide Hände nebeneinander auf die Klangschale richten und dich Schritt für Schritt entfernen, aber immer nur so weit, dass du die Vibrationen noch spüren kannst. Auf wie viele Meter Entfernung kannst du die Vibrationen noch wahrnehmen? Mit dieser Übung kannst du deine Wahrnehmungsfähigkeit enorm steigern.

Zwei Magnete

Nimm in jede Hand einen Magnet, halte die Magnete zwischen deinen Fingern so, dass sich zwei gleiche Pole gegenüberstehen. Die Magnete werden sich jetzt abstoßen. Nun kannst du den Abstand zwischen deinen Händen mal vergrößern, mal verkleinern und spürst ganz deutlich die Kraft von dem Magnetfeld. Auf diese Weise sensibilisierst du dein Gehirn für solche Wahrnehmungen.

Das eigentliche Problem ist nicht die Wahrnehmung, denn diese ist immer vorhanden, sondern das Bewusstwerden der Wahrnehmung. Unser Gehirn benötigt ein Referenzerlebnis, um die Wahrnehmung zu ERKENNEN. Je ähnlicher das Referenzerlebnis der Wahrnehmung ist, umso leichter fällt es uns, diese noch fremde Wahrnehmung bewusst zu erkennen.

Eine Person mit der Energie deiner Händen bewegen

Für folgende Übung benötigst du eine Versuchsperson (VP). Lass deine VP sich gerade mit geschlossenen Augen vor dich hinstellen. Du stehst hinter deiner VP und fühlst dich mit deinen Händen in ihre Aura ein. Halte deine Hände im Abstand von ca. fünf bis zehn Zentimeter vom Körper der VP in Höhe des Kreuzbeins (unterer Rücken). Deine Handflächen sind dem Körper der VP zugewandt. Nun bewegst du deine Hände langsam nach oben bis hinter die Schulterblätter deiner VP. Dort ziehst du deine Hände zurück.

Wahrscheinlich wird deine VP deinen Händen folgen. Zumindest wirst du winzige Reaktionen in diese Richtung beobachten können, wenn du genau hinschaust. Wiederhole diese Übung auf verschiedene Weise: anderer Abstand zum Körper, andere Geschwindigkeit, mit anderen Gefühlen, Gedanken und Bildern.

So wie du eine Person mit deinen Händen ziehen kannst, so kannst du sie auch von dir wegschieben. Deine VP steht mit geschlossenen Augen ca. zwei Meter vor dir. Halte deine Handflächen in Richtung VP und geh langsam auf sie zu. Versuch zu spüren, ab welchen Abstand du ihre Aura, ihre Energie wahrnehmen kannst. Dort wo du den ersten Kontakt spürst, hältst du an. Zieh deine Hände wenige Zentimeter zurück und wiederhole die ganze Sache mit der Absicht die VP von dir wegzuschieben.

Je mehr man sich mit derartigen Übungen beschäftigt, umso besser werden die Ergebnisse sein. Es ist völlig normal, dass am Anfang solcher Bestrebungen nur einige Menschen auf diese Energie reagieren. Das ändert sich aber schnell wenn man regelmäßig übt. Am besten integriert man diese Übungen in seinen Alltag. Versuche die Menschen in deiner Umgebung nicht nur körperlich wahrzunehmen sonder beabsichtige Ihre Energie wahrzunehmen.

Die Anwendung des Magnetismus durch die Hände

Es gibt verschiedene Möglichkeiten der Anwendung. Vom einfachen Handauflegen bis hin zu speziellen magnetischen Strichen. Man kann in verschiedenen Schichten der Aura arbeiten oder den Körper direkt berühren.

Wenn man bedenkt, dass jede Zelle, jedes Organ sowie der Körper als Ganzes von einem eigenen Magnetfeld umgeben ist und jedes Magnetfeld seine eigene Polarität aufweist, kann man sich gut vorstellen, welche komplizierten Behandlungskonzepte hier entstehen können. Sehr schnell trifft dich dann der Fluch des Wissens, und du musst tausend Bedingungen erfüllen, damit die (deine) Energie tun kann, was sie von Natur aus sowieso tun würde, nämlich Harmonie herstellen. Also halten wir uns möglichst mit dem Denken zurück und folgen unserer Intuition.

Die klassischen „Mesmerischen Striche"

„Mesmerische Striche" sind Streichungen vom Kopf bis über die Füße hinaus. Man streicht im Abstand von drei bis zehn Zentimeter vom Körper des Patienten vom Kopf bis zu den Füßen. Dann führt man seine Hände im hohen Bogen zurück zum Kopf des Patienten und streicht erneut. Die Striche sollten weder zu schnell noch zu langsam ausgeführt werden. Ein Strich dauert ca. drei bis fünf Sekunden. Nach zehn bis fünfzehn Minuten befinden sich die meisten Menschen in einer angenehmen Trance und die Selbstregulierungskräfte beginnen zu arbeiten. Normalerweise schweigen Therapeut und Patient bei dieser Behandlung.

Behandelt man Patienten mit Lähmungserscheinungen, kann man nach 15 bis 20 Minuten leichte Bewegungen der betroffenen Gliedmaßen suggerieren. Zum Beispiel: „Stell dir nun vor, wie du mit deiner linken Hand einen kleinen Ball hältst und diesen Ball nun mit deinen Fingern bewegst." Nicht selten kann man Mikrobewegungen beobachten, auch wenn die Lähmungen schon seit Jahren besteht. Familienmitglieder des Patienten können diese Behandlung zu Hause fortsetzen und ein kleines Wunder bewirken. Wie genau diese Striche ausgeführt werden, kannst du in diesem Video sehen:

https://youtu.be/Qy1VBnyPhR4

Je mehr du mit diesen Strichen arbeitest, umso sensibler wirst du und umso kräftiger wird dein Magnetismus. Früher oder später wirst du bemerken, dass deine Hände an manchen Stellen deutlich andere Empfindungen haben. Wie genau sich das für dich anfühlt, kann man nicht voraussagen, das ist bei jedem Menschen anders. Hierbei handelt es sich meist um Energieblockaden oder andere Disharmonien. Auch kann es vorkommen, dass du intuitiv das Gefühl hast, deine Hände irgendwo länger verweilen zu lassen oder sogar aufzulegen, etwas herauszuziehen oder was auch immer. Wenn das geschieht, tu es, folge deiner Intuition.

Eines meiner beeindruckendsten Erlebnisse hatte ich bei einer Partnerübung während eines Seminars. Einer der Teilnehmer bemerkte bei seiner Übungspartnerin eine Stelle, die sich anders anfühlte. Er fing an über dieser Stelle mit seiner Hand kreisende Bewegungen zu machen. Dann zog er mit beiden Händen eine scheinbar endlose unsichtbare Schnur aus ihrer Aura. Er steigerte sich immer mehr in sein Tun hinein. Mit schraubenden ja sogar hämmernden Gesten arbeitete er in der Aura seiner Übungspartnerin. Mittlerweile sah es aus, als würde er eine unsichtbare Maschine reparieren. Er schien Teile aus- und einzubauen mit Hilfe von imaginären Schraubenschlüsseln, Zangen und anderen Werkzeugen, und er war keineswegs zimperlich dabei. Mittlerweile waren alle Teilnehmer mit ihrer Übung fertig und schauten ganz gebannt zu, was da vor sich ging. Als er schließlich seine imaginären Werkzeuge verstaute und die Behandlung mit einem sichtlich zufriedenen Grinsen beendete, waren alle gespannt auf das Ergebnis. Die betreffende Teilnehmerin reckte und streckte sich, strahlte über das ganze Gesicht und sah tatsächlich um einige Jahre jünger aus. Was genau da geschehen war, konnte weder er noch sie sagen. Auf die Frage, wie sie sich fühlte, antwortete sie ganz spontan: „Wie generalüberholt."

Warum erwähne ich diese Begebenheit hier? Ganz einfach, weil sie ein paar ganz grundlegende Gesetzmäßigkeiten verdeutlicht. *Die Wirkung unserer Absicht und Erwartung.* Unsere Absicht bestimmt die Richtung, wohin die Reise geht und unsere Erwartung das Ergebnis. Allerdings bestimmt die Erwartung nicht nur das Ergebnis, sondern auch die Bedingungen, die erfüllt sein müssen, um das erwünschte Ergebnis zu erlangen. Und genau hier kann uns der *„Fluch des Wissens"* die Arbeit enorm erschweren.

Körperkontakt

Obwohl ein direkter Körperkontakt beim Mesmerisieren in den meisten Fällen nicht nötig ist, sollte man seinen Patienten trotz allem auch berühren. Die innere Einstellung und Erwartung des Patienten sind ein wichtiger Faktor der darüber bestimmt, wie weit er sich öffnet und bereit für Veränderung ist. Eine sanfte Berührung wirkt da oft Wunder. Darüber hinaus fällt es dem Verstand bei Körperkontakt viel leichter, eine Energieempfindung bewusst werden zu lassen.

Die Kraft deiner Augen

Sicher kennst du das: Du starrst jemanden von hinten an, die Person dreht sich nach dir um und schaut dir direkt in die Augen, geradeso als hätte sie deine Blicke gespürt.

Worauf wir unsere Aufmerksamkeit richten, dorthin fließt unsere Energie. Dies erklärt auch warum wir mit unseren Händen und Augen die stärkste Wirkung erzielen.

Unsere Hände sind unsere wichtigsten Körperwerkzeuge. Mit unseren Händen verrichten wir die kompliziertesten Dinge. Die Hände sind enorm feinfühlig, und man könnte sagen, manche Menschen sehen quasi mit den Händen.

Unsere Augen sind nicht minder wichtig, denn der Sehsinn ist unser wichtigster Sinn. Die meiste Aufmerksamkeit brauchen wir daher für die Hände und die Augen.

In folgender Übung lernst du wie du dein Gehirn auch für die Kraft deiner Augen sensibilisieren kannst.

Wie du dein Gehirn auch für die Kraft deiner Augen sensibilisierst.

Setze dich bequem hin und lege deinen linken Arm auf deinen linken Oberschenkel. Wenn es für dich bequemer ist, kannst du auch an einem Tisch sitzen und den linken Arm auf den Tisch legen. Dreh den linken Arm so, dass die Handfläche nach oben zeigt. Dann streichst du im Abstand von ca. fünf bis zehn Zentimeter langsam über die Handflächenseite deines linken Arm, vom Ellenbogengelenk bis über die Handfläche. Mach auf diese Weise zehn bis zwanzig Striche. Was fühlst du?

Halte dann deine Hand über einem Punkt am Unterarm an. Vorzugsweise dort, wo du am meisten spürst.

Wiederhole nun den ganzen Vorgang und unterstütze deine Hand mit deinen Augen. Streiche parallel zu deiner Hand mit deinen Blicken über den Arm. Spürst du einen Unterschied?

Halte deine Hand wieder an einem Punkt deines Unterarms an, auch dein Blick ruht auf diesem Punkt. Was spürst du nun?

Bewege deine rechte Hand nun weiter bis über die linke Hand hinaus und leg sie ab. Führe jetzt die Striche allein mit deinem Blick weiter. Spürst du etwas?

Halte den Blick auf eine bestimmte Stelle am Unterarm gerichtet. Wie sind deine Empfindungen?

Eine Person mit deinen Augen bewegen

Was du bei der Übung *"Eine Person mit deinen Händen bewegen" (Seite 65)* gemacht hast, kannst du auch mit deinen Augen machen. Stell dich hinter deine VP und tauche mit deinen Blicken in ihre Aura ein. Spüre eine enge Verbundenheit und ziehe die VP nach hinten, indem du deinen Kopf nach hinten bewegst.

Verknüpfe deine Blicke mit deiner Imagination

Wenn du die Arbeit deiner Augen mit einer geeigneten Imagination verknüpfst, verstärkt das deine Aktionen enorm. Wichtig ist, dass du die jeweils für dich beste Vorstellung findest. Die Kraft der Vorstellung muss für den Anwender deutlich spürbar sein. Diese Imagination muss nicht zwangsläufig visuellen Charakter haben, es kann durchaus auch kinästhetisch sein oder eine Mischung aus beiden.

Bei der vorherigen Übung zum Beispiel arbeite ich mit einer rein kinästhetischen Vorstellung. Ich spüre einen starken Sog zwischen mir und der VP. Ich sauge die VP quasi an. Völlig anders ist es bei folgender Übung.

Die VP wird vor einem Stuhl platziert, mit dem Rücken zum Stuhl. Ich stehe in ein, zwei Meter Entfernung seitlich neben der Person. Meine Aufgabe besteht nun darin, die VP mental auf den Stuhl zu setzen. Ich fixiere die Hüften der VP und stelle mir ein dickes Tau vor, das um die Hüfte geschlungen ist und die Person nach schräg hinten unten zieht. Die VP kommt ins Schwanken, daraufhin lasse ich meine Vision klarer und deutlicher werden, die Wirkung erfolgt sofort, die VP gibt dem Zug nach hinten nach und sitzt.

Diese letzte Übung funktioniert bei mir nur mit rein visuellen Bildern, während die vorhergehende Übung nur mit rein kinästhetischen Vorstellungen funktioniert. Dies kann bei dir natürlich völlig anders sein.

Wichtig bei dieser Arbeit ist die Stärke bzw. Klarheit der Imagination. Wenn du eine kinästhetische Vorstellung nutzt, sollte die Kraft, die davon ausgeht, für dich deutlich spürbar sein. Bei deinen visuellen Vorstellungen sollte die Klarheit überwältigend sein.

Beobachte die Menschen, mit denen du arbeitest, sehr genau, denn die Reaktionen auf deine

Energie beginnen in der Regel unscheinbar. Das heißt, du nimmst dann auch die kleinste Reaktion wahr und weißt, dass du auf dem richtigen Weg bist. Dies wiederum beeinflusst deine (positive) Erwartung, welche eine große Rolle bei dieser Arbeit einnimmt.

Wozu sollen solche Spielereien gut sein?

Mein Freund Rifat Kujevic (einer der besten die ich kenne auf diesem Gebiet) hat es sinngemäß folgendermaßen erklärt:

„Es handelt sich hier tatsächlich um ein Spiel, ein Spiel mit dem Energiekörper des Menschen. Der Energiekörper will spielen, die Energie will fließen und mit diesen Spielereien lösen wir Blockaden auf. Das bedeutet, die Energie kann wieder frei fließen und der Mensch wird gesund. Unser Verstand verlangt immer nach logischen Erklärungen, aber der Energiekörper funktioniert anders. Während der Verstand mit unserem Wachbewusstsein verknüpft ist, folgt der Energiekörper den Regeln des Herzens und das ist eine völlig andere Ebene. Aus diesem Grund kannst du mit dieser Methode auch niemandem Schaden zufügen, da der Empfänger sich nur positiven Absichten öffnet und dies sind Absichten, die mit dem Herzen konform gehen."

Eigenbehandlungen

So wie wir andere Menschen behandeln, können wir uns auch selbst behandeln. Durch magnetische Striche und magnetisiertes/programmiertes Wasser (wie auf Seite 53 beschrieben). Eine völlig andere Art der Selbstbehandlung ist die der Fernbehandlung. Wir können Menschen über die Ferne behandeln, indem wir uns die betreffende Person vor uns sitzend oder liegend imaginieren und sie behandeln. Genauso können wir uns selbst auf dem Stuhl oder der Liege vorstellen und behandeln. Auch die Lichtbehandlung, die ich jetzt im Folgenden beschreibe, ist für eine Selbstbehandlung geeignet.

Du sitzt ca. ein bis zwei Meter hinter der zu behandelnden Person und fixierst die Rückseite ihres Solar Plexus. Dann visualisierst du einen Lichtkegel, der aus deinem Solar Plexus heraus strahlt und die komplette vor dir sitzende Person einhüllt. Bleibe einen Moment bei dieser Vorstellung. Dann frage die Person, was sie spürt. Nun lässt du den Lichtkegel enger werden, so dass der Lichtstrahl aus deinem Solar Plexus direkt in die Rückseite des Solar Plexus der Person eintritt. Schau zu, wie dein Gegenüber mit Licht geflutet wird. Fordere die Person immer wieder auf zu schildern, was sie fühlt. Die Schilderungen der Patienten sind wichtig. Durch diese Schilderungen wird ihnen bewusst, was geschieht und sie öffnen sich immer mehr dem, was da kommt.

Bei einer Selbstbehandlung stellst du dir vor, dass du selbst vor dir auf dem Stuhl sitzt.

Energieexperimente

Die nun folgenden Zeilen werden eine ganz besondere Herausforderung für deinen Verstand darstellen. Es geht darum, wie man Energiefelder kreiert, programmiert und überträgt, ähnlich wie du es vielleicht von Reiki her kennst.

Letztes Jahr (2018) habe ich den Heilpraktiker Bernd Hollnack kennengelernt (seine Kontaktdaten findest du im Anhang). Bernd Hollnack ist u.a. auch Spezialist für Energiearbeit. Er kreiert Energiefelder für ganz spezielle Aufgaben und bot mir an, mir eine seiner zahlreichen Energiepakete zu übertragen. Da wir nur Kontakt übers Internet hatten, wollte er dies per Fernübertragung machen. Wir vereinbarten eine bestimmte Zeit, zu der ich mich bereithalten sollte. Bis hierhin war das für mich durchaus nichts Neues. Am vereinbarten Tag zur vereinbarten Zeit, wollte ich mich gerade auf "Empfang" einstellen, als ich ein extrem starkes Kribbeln in den Beinen verspürte. Das konnte nur die Energie von Bernd Hollnack sein. Am nächsten Tag erst stellte sich heraus, dass ich ca. eine halbe Stunde zu früh auf "Empfang" war und trotz allem die Energie empfangen hatte. Als ich ihm davon berichtete, erklärte er: "Zeit spielt dabei keine Rolle. Nur die Absicht des Senders und Empfängers sind wichtig."

Bei dieser Energie handelte es sich um eine Spülung der Beziehungsschnüre. Beziehungsschnüre sind energetische Verbindungen zu allen Personen mit denen wir Kontakt haben beziehungsweise Kontakt hatten. Über diese energetischen Verbindungen stehen wir auch nach Jahrzehnten noch mit den betreffenden Personen in Kontakt. Dadurch findet unter anderem auch eine gewisse Beeinflussung statt, die nicht immer gewollt und positiv ist.

Wer die Energie zur Spülung der Beziehungsschnüre einmal empfangen, kann diese Energie jederzeit durch die eigene Absicht aktivieren. Ebenso kann er diese Energie auch auf andere Menschen übertragen. Diese Energieübertragung habe ich in der Folgezeit mehrmals getestet. Wenn ich solche Dinge teste, gebe ich der VP so wenig Informationen wie möglich, um eingebildete Reaktionen zu vermeiden. Bei der energetischen Spülung der Beziehungsschnüre habe ich immer nur um Erlaubnis gefragt. Zum Beispiel: „Darf ich mal etwas ausprobieren?"

Mein erster Fall zum Beispiel war eine ältere Frau kurz vor einer Massage. Als ich das Okay bekam, übertrug ich ihr die Spülung der beziehungsschnüre und sie reagierte sofort mit den Worten „Oh, was ist das denn, das kribbelt ja wie Ameisen in den Beinen?" Dieses Erlebnis war so beeindruckend für sie, das sie mich heute noch darauf anspricht wenn wir uns sehen.

Auf unserem Workshop „Der Magnetische Pfad" übertrug ich diese Energie im Rahmen einer Faszinationshypnose drei Teilnehmern, diese wiederum gaben die Energie an die übrigen Teilnehmer weiter. Bis auf eine Frau spürten alle eine starke Reaktion.

Bernd Hollnack übermittelte mir im Laufe der Zeit noch weitere Energien zu verschiedenen Themen. Das geschah immer nach dem gleichen Schema. Er stellte die betreffende Energie für mich bereit und informierte mich, dass ich diese nun abrufen kann. Man kann sich das so vorstellen wie es bei manchen Paket-Zustelldiensten funktioniert. Ist der Empfänger nicht anzutreffen, wird das Paket in einem Abholcenter hinterlegt und der Empfänger darüber informiert, dass er sein Paket nun abholen kann. Beim Abrufen/Abholen der verschiedenen Energien spürte ich mal mehr, mal weniger oder nichts. Auch wenn ich beim ersten Kontakt mit einer Energie nichts spürte, konnte ich später wenn ich die Energie quasi einschaltete (beim Aktivieren der Energie) immer etwas spüren. Das Aktivieren der Energie geschieht über die Absicht. Man beabsichtigt das die Energie nun im Körper aktiv wird, dies kann man mit wenigen Worten formulieren. Zum Beispiel: „Die Spülung der Beziehungsschnüre jetzt einschalten."

Kurz vor meinem Rückflug nach Brasilien habe ich mit einer Freundin eine Faszinationshypnose durchgeführt. Seit Jahren schlief sie nicht mehr als drei Stunden am Stück und dies nur tagsüber. Die Sitzung sollte ihr gegen ihre Zappelbeine (Restless-Legs-Syndrom) helfen. Weil nur diese eine Sitzung möglich war und ich unbedingt etwas erreichen wollte, ließ ich die Energieeinstimmung (Spülung der Beziehungsschnüre) mit einfließen. Der Gedanke kam mir weil es ja in erster Linie um die Beine ging und bei der Einstimmung das Gefühl in den Beinen immer am stärksten spürbar war. Ich habe dann auch noch eine Chakra- und die Auraspülung aktiviert. Sie hat es auch extrem in den Beinen gespürt (Gummibeine). In der Folgenacht hat sie zum ersten mal seit Jahren, elf Stunden am Stück durchgeschlafen. Sie hat zwar noch einige Baustellen (wahrscheinlich alles Folgen ihrer Chemotherapie), aber es sah so aus, als seien die Zappelbeine Geschichte.

"Hi Friedbert, ich denke, es ist nochmal Zeit für einen Zwischenbescheid. Hab immer noch kaum unruhige Beine, der Schlaf ist wesentlich besser, tiefer und länger, die Rückenschmerzen werden bis auf Ausnahmen immer weniger. Hab mittlerweile viele Tage hintereinander keine Schmerzen. Deshalb nochmals danke, danke, danke. Bei mir schlagen die Spülungen voll an. Was soll man dazu sagen???"

Als sie ca. vier Monate später mit der Anwendung der Energie aussetzte bzw. nur noch unregelmäßig arbeitete, fingen die Beschwerden wieder an. Sobald sie jedoch die Energie aktiviert, erfährt sie Besserung. Es scheint also noch etwas zu fehlen, um die Ursache der Beschwerden aufzulösen.

Allein die Absicht zählt

Hier das Protokoll eines weiteren Experiments, mein Schriftverkehr mit Bernd Hollnack

Gestern Abend saß ich mit meiner Partnerin (Angelika) und einer Freundin (Tatiane) zusammen und irgendwann kamen wir auf die Energie zu sprechen. Ich erzählte beiden davon, dass Sie mir zwei neue Energie-Spülungen zum Abruf bereitgestellt haben. Wir kamen auch auf das Thema Zeit, dass Zeit keine Rolle spielt und viel wichtiger die Absicht ist. Beide waren interessiert, auch diese Energie kennenzulernen, allerdings habe ich sie bis heute selbst noch nicht abgerufen. Ich habe dann folgendes Experiment vorgeschlagen:

Ich beabsichtige die mentale Spülung irgendwann in den nächsten Tagen abzurufen. Weiterhin beabsichtige ich, den beiden Frauen die Energie zu übertragen. Die beiden sollten die Energie abrufen, noch bevor ich selbst sie empfangen habe. Sie schlugen daraufhin vor, die Sache sofort durchzuführen. Ich habe ihnen die zwei Themen der Spülungen genannt, sie wollten die mentale Spülung. Ich habe mich kurz auf meine Absicht konzentriert die mentale Spülung in den nächsten Tagen abzurufen und auf die Absicht, diese Spülung an beide weiterzugeben. Ich habe diese Absicht quasi einmal innerlich formuliert. Die einzige Information, die beide hatten, war, sich für ca. drei Minuten auf den Punkt unter dem Nabel zu konzentrieren und innerlich die Absicht zu formulieren, diese mentale Spülung zu empfangen.

Angelikas Reaktion war so intensiv, dass ich sie schon während des Prozesses erkennen konnte. Tatianes Reaktion war ähnlich, nur nicht so stark. Angelika erklärte:

Ein starkes Hitzegefühl unterhalb vom Nabel, das sich dann nach beiden Seiten zum Rücken hochzog (ihre Hände gingen bei der Erklärung direkt vom Nabel zu den Nieren), von dort dann hoch in den Hinterkopf. Dort spürte sie dann ein starkes Klopfen/Pulsieren (Pumpen?). Das Klopfen hörte sofort auf, als sie die Augen öffnete. Allerdings hatte sie abends, als sie schlafen wollte, ein Druckgefühl genau an dieser (Klopf-) Stelle.

Hier die Erklärung von Bernd Hollnack zu dieser Energie:

Mentale Spülung (mental flush)

„Diese eingradige Energietechnik, die im Rahmen des Möglichen auf die Stärkung und Harmonisierung der Gehirnfunktionen abzielt, habe ich Anfang Dezember 2018 geschaffen. Die Einstimmung in die mentale Spülung und deren Aktivierung (die über einen längeren Zeitraum immer wieder erfolgen sollte, um diesen meist sanften Energien die Möglichkeit einer nachhaltigen Wirkung zu eröffnen) erfolgen nach den schon aus ähnlichen Energietechniken bekannten Prinzipien. Bei zeitgleicher Einstimmung sagt sich der Einstimmende: „Ich stimme jetzt Herrn/Frau X in die mentale Spülung ein." Dann hält er durch entspanntes Atmen in sein Xia Tan Tien (Energiezentrum 2 Finger breit unter dem Nabel, auf

der vorderen Körpermittellinie) die Aufmerksam-
keit in diesem Bereich. Danach läuft die Einstim-
mung selbsttätig ab.

Zur Aktivierung sagt sich der Aktivierende: 'Ich
aktiviere jetzt für mich/für X die mentale Spü-
lung.' Dann folgt wieder die dreiminütige Konzen-
tration auf Xia Dan Tien. Danach läuft die Ener-
gietechnik von selbst.

Geübte Anwender können die Einstimmung/Akti-
vierung verfolgen, indem sie die Energien des
Systems sozusagen im eigenen Körper gespie-
gelt erspüren. Mit einiger Erfahrung funktioniert
das fast von selbst. In der mentalen Spülung
habe ich durch Qi Gong-Techniken kräftige kos-
mische und irdische Energien mit der kraftvollen
Energie der heilenden Laute (die der Harmoni-
sierung der inneren Organe, die den fünf Wand-
lungsphasen zuzuordnen sind, dienen) verwoben
Eine zusätzliche Stärkung erfahren die Nieren,
die nach der chinesischen Medizin das Gehirn
nähren. Das Bauchhirn wird über das Element
Feuer (also den Funktionskreis Herz-Dünndarm)
gestärkt.

Ein Teil der Energien kräftigt die Pumpmechanis-
men im Steißbein und im Hinterkopf (diese hal-
ten die Hirn-Rückenmarks-Flüssigkeit = Liquor
zerebrospinalis nachhaltig im Umlauf, was die

Versorgung dieser beiden Teile des Zentralner-
vensystems verbessert).

Wenn der Empfänger ein gutes Gespür oder einfach nur einen guten Tag hat, wird er diese Pum-
penergien am deutlichsten spüren. Im Umkehr-
schluss heißt das natürlich, dass manche Menschen herzlich wenig von solchen energetischen
Anwendungen mitbekommen. Das tut aber der
Wirkung keinen Abbruch. Man sollte wissen,
dass eine einzelne Anwendung eher keine dauer-
haften Ergebnisse bringen wird. Es ist schon
eine regelmäßige Wiederholung nötig. Wird diese Technik allein verwendet, so ist eine Aktivierung pro Tag ratsam. Mehrmals am Tag wird die
mentale Spülung auf Dauer nicht vertragen (Unwohlsein wäre die Folge von übermäßiger Anwendung).

Treten andere Energietechniken hinzu, sollte
man jeden Tag nur eine von ihnen aktivieren.
Einmal aktiviert, kann die mentale Spülung 20
Minuten, aber auch viel länger ablaufen. Ein vor-
übergehendes Unwohlsein, das bei intensiver
Anwendung gelegentlich auftreten kann, ist ein
harmloses Klärungssymptom, das bald ver-
schwindet, wenn man eine angemessene Zeit
pausiert.

Ich lade Sie ein, diese neue Technik anzuwenden. Gern können Sie mir Ihre Beobachtungen mitteilen. Es versteht sich von selbst, dass Sie sich, wenn Sie eine Therapie nötig haben, an einen geeigneten Therapeuten wenden. Diese Technik ist, wie alle Energietechniken dieser Art, als Lebenshilfe gedacht. Ich wünsche Ihnen angenehme Erlebnisse mit der mentalen Spülung."
Bernd Hollnack

An dieser Stelle möchte ich nochmal den Ablauf, die einzelnen Schritte zusammenfassen.

1. Bernd Hollnack kreiert Anfang Dezember 2018 eine bestimmte Energie.
2. Er beabsichtigt, mir diese Energie zur Verfügung zu stellen am 19. Januar 2019.
3. 30. Januar 2019 - Ich beabsichtige diese Energie irgendwann in der Zukunft zu empfangen.
4. 30. Januar 2019 - Ich beabsichtige, diese Energie, nachdem ich sie empfangen habe, für Angelika und Tatiane zur Verfügung zu stellen.
5. 30. Januar 2019 - Angelika und Tatiane beabsichtigen diese Energie jetzt zu empfangen und spüren sofort die entsprechende Wirkung.

6. 04. Februar 2019 – Bernd Hollnack hat die Energie für mich auf den Weg gebracht.
7. 21. Februar 2019 – ich habe die Energie abgerufen, diese aber bis heute (14. 03. 2019) noch nicht an Angelika und Tatiane weitergeschickt.

Fazit: Angelika und Tatiane verfügen seit über 6 Wochen über eine Energie, über die sie rein chronologisch gesehen gar nicht verfügen können. Aber es kommt noch besser.

Ein neues Experiment

Was ich mir wünschte, war eine Energie speziell für meine Arbeit mit Hypnose, eine Energie, die man bei der Faszinationsmethode direkt mit den Augen übertragen kann, ein Energiefeld, bei dem sich beim Klienten verschiedene Wahrnehmungen einstellen, wie Nebel sehen, ein Kribbeln im Körper, starke Müdigkeit um die Augen und eine positive Gewissheit (alles ist gut).

Leider hatte ich absolut keine Idee, wie ich so etwas kreieren könnte. Dann fiel mir die Sache mit der Absicht und der Zeitlosigkeit ein. Hier die einzelnen Schritte die ich unternommen habe:

1. Ich habe beabsichtigt ein solches Feld in naher Zukunft zu kreieren und es bei verschiedenen Personen anzuwenden.
2. Ich habe mich hingesetzt mit der Absicht, mich in dieses Feld, das ich irgendwann in der Zukunft erschaffen möchte, einzuklinken. Bis auf die starke Müdigkeit der Augen konnte ich alles wahrnehmen (Nebelsehen, Kribbeln und ein sehr gutes Gefühl).
3. Dann folgte der Test an Angelika und Tatiane, die nicht wussten worum es ging.
4. Die von mir beabsichtigten Wahrnehmungen stellten sich nur bei Angelika ein.
5. Tatiane spürte von all dem nichts, allerdings passierte etwas anderes. Beim Zurückholen überlegte ich kurz, ob ich sie durch ein Anpusten auf die Stirn wecke, habe es dann aber doch nicht gemacht und sie normal zurück geholt.

Als ich dann fragte, wie es war, erzählte sie, dass sie einfach nur so dahin geschwebt sei, bis ich sie angepustet habe, das habe sie erschreckt. Sie war felsenfest davon überzeugt, dass ich sie angepustet hatte.

Wir machen öfter ähnliche Experimente, Tatiane ist ein sehr guter Sender, aber kein guter Empfänger. Sie machte das gleiche Experiment mit

Anna. Ihr Ziel war, ein Lachen auf Anna zu übertragen, und es war ein voller Erfolg. Aber irgendwie hatte ich das Gefühl, dass da noch etwas fehlt.

Bernd Hollnack meint dazu:
„Dass sich die Wahrnehmungen bei Angelika einstellten, ist ja der Beweis, dass es funktioniert. Tatiane hatte durchaus Wahrnehmungen, die mit den beabsichtigten zu tun haben. Ich denke, hier verhält es sich genau so wie mit den Energietechniken, die wir bisher betrachtet haben: Die ausgesendeten Energien (und auch die Absicht trägt ja solche Energien in sich) tun, was Sie von ihnen erwarten. Nur die Empfänger interpretieren das Wirken der Energien unterschiedlich. Wenn wir Pech haben, stoßen wir gar auf Leute, die nichts wahrnehmen - ganz davon abgesehen, dass auch bei jedem von uns die Intensität der Wahrnehmung sozusagen von der Tagesform abhängt. Wir dürfen aber gewiss sein, dass auch bei dem, der nichts merkt, die Energien in der Tiefe ihre Wirkung entfalten.

Es gibt natürlich Möglichkeiten, das beabsichtigte Energiefeld zu verstärken, so dass auch Menschen, die nicht so gute Empfänger sind, mit größerer Wahrscheinlichkeit das wahrnehmen, was der Schöpfer des Energiefeldes möchte."

Alle wichtigen Übungen

Damit du nicht lange suchen musst, findest du hier alle wichtigen Übungen.

Zu guter Letzt

Zu guter Letzt wünsche ich dir viel Spaß und gute Gefühle auf dem Magnetischen Pfad. Vielleicht hast du dieses Handbuch auf einen Rutsch durchgelesen, ohne irgendeine der Übungen zu absolvieren. Genau das hätte ich auch getan, ich will immer erst wissen, worauf ich mich einlasse, bevor ich einsteige.

Und nun?

Kontaktdaten:

Bernd Hollnack
Tel. (05675-721281 oder 05675-721282)
E-Mail-Adresse (opus.et.cura@gmx.de).

Prof. Antonio Carreiro
https://www.antoniocarreiro.com.br/

Leila Mahfud
https://institutoarkeos.com.br/leila-mahfud/

Weitere Informationen zu den Themen:
Mesmerismus, Persönlicher Magnetismus, Hypnose, Selbstheilungstrancen und DK Verfahren
findest du auf unserer Seite
https://www.hypnose-institut-phoenix.de